文庫ぎんが堂

眠る前5分で読める
心がほっとするいい話

志賀内泰弘

はじめに

今日も一日、お疲れさまでした。
もうお風呂には入られましたでしょうか？
パジャマには着替えておられますか？
それとも、へとへとで、帰って来るなり、そのままソファでぐったり？
こんなに頑張っているのに、予期せぬことが次々とおきて……ついついため息。

そんな方々に、少しでも**「ほっ。」**をお届けしたくて、この本をつくりました。

私自身も、言葉に表せぬほどの、
つらいこと、悲しいことをたくさん経験してきました。
そんなとき、「元気」の源となるのが、
友人・知人から耳にする「いい話」でした。

そのひとつです。

ある日、子育て中で大忙しの女性の友人から、電話がかかってきました。

「こんなことがあったのよ、聞いて聞いて〜」

というのです。

地下鉄に乗っていると、ふたりの女子高生が大声でおしゃべりをしていたそうです。
髪を染め、長いつけまつ毛に派手な化粧。
チラッと顔を見て、つい「ああ、親の顔が見てみたいものだ」と思いました。
まわりの人たちも、眉をひそめています。
関わらぬように下を向き、うとうとしていると、突然車内に、
「キャー!」
と、叫び声が響きわたりました。
真向かいに座っていた女子中学生が吐いてしまったのでした。
床に汚物が広がります。中学生の両脇に座っていた人や、近くに立っていた人たちは、
いっせいに身を引いて、逃げるようにしてよけました。

次の瞬間でした。

あの、さわがしかったふたりの女子高生が中学生にかけより、カバンからハンドタオルとティッシュペーパーを取り出し、床をふきはじめたのです。

それも笑いながら、楽しそうに。

ビニール袋に汚れたものをまとめ、床はあっという間にキレイになりました。

それだけではありませんでした。

「ちょっと臭うね」

と言うと、かばんから制汗スプレーを取り出して、シューッと一吹き。

「これでいいじゃん！」

車内によい香りが広がりました。

そして、ふたりは何もなかったかのように、再びおしゃべりを始めたそうです。

彼女たちの淡々とした行動は、まわりに迷惑をかけてしまった中学生に、心の負担をかけさせないための **「気づかい」** であるような気がしたそうです。

これは、私自身が体験した出来事ではありません。

それなのに、その場に居あわせたかのように、なんだか心に明かりが灯《とも》り「ほわっ」と温かくなった気がしました。

そして、ささやかですが「力」が、わきあがってきました。

じつは、このとき、私はひどく落ちこんでいました。

ほんの少し前、妻が大病にかかっていることを病院の先生から告げられたばかりだったからです。


長年にわたって取材してきた、とびきりの「いい話」をご用意しました。

眠る前に、ちょっとだけページを開いていただけたらうれしいです。

「幸せ」の「お福分け」。


ではまた、明日、元気な笑顔で！

おやすみなさいませ。

眠る前5分で読める心がほっとするいい話　目次

はじめに

第一章 じんわりと勇気がわいてくる話

第二章 読むだけで明日への元気をもらえる話

第三章 ほっこりと心が温まる話

第四章　「ありがとう」を伝えたくなるいい話

第一章

じんわりと勇気がわいてくる話

プロポーズに立ち会ってください！

大阪にダイヤモンドジュエリー専門の「カオキ」というお店があります。著名なジュエリーメーカーの、㈱丸善がサポートしているお店です。

その店の店長・藏立《くらだて》和之さんからうかがったお話です。

藏立店長には尊敬する先輩がいました。この先輩もジュエリーショップの店長をしています。先輩の売上は常にトップ。毎月毎月、目標を達成し、次々に記録を更新しています。

ある日のことです。

閉店10分前の午後6時50分に、ひとりの男性客がお店に入ってきました。

その日は、どうしたことか売上がゼロ。

「これで記録達成も終わりか……」とあきらめていた矢先のことでした。

店長は、部下に「頑張ってこいよ！」と背中をたたいて接客に向かわせました。

ところが、その男性のお客様は、なにを話しかけても返事をされません。

「なにかご希望のものがございましたら、相談させていただきます」

と言っても、店内のケースをぐるぐる回って見ているだけでした。

部下は自信をなくして、バックヤードの店長のところに戻ってきました。

店長は、「よし、俺の腕を見ておけ」と言い、勇んで店頭に出て行きました。


店長は必死になって話しかけました。記録のこともありますが、部下への手前もあり、熱がこもります。

すると、お客様はポツリポツリと事情を話し始めたのでした。

その日、朝から一日中、男性は市内の宝石店を30店舗も歩きまわったそうです。

探していたのは、2号サイズの婚約指輪。

しかし、どのお店でも口をそろえたように、

「お時間をいただければ……」

「サイズ直しに2〜3週間かかります」

と言われてしまいました。

「でも、今日、指輪が欲しいんです」

お客様はそうおっしゃったのでした。

（そんな小さなものはないだろう）

そう思いつつも、店長は、倉庫に行き、探しまくりました。閉店の時間はとうに過ぎていました。

「ありました！」

それを見て、男性はものすごく喜んでくれました。


店長は、売上ゼロを回避でき、部下への面目も立ったので内心ホクホクでした。

男性は、店長にこう言いました。

「あなただけが、私の無理な願いを聞きとどけてくれました。あなたのことが好きになりました。ひとつお願いがあります。今から彼女にプロポーズしに行くのですが、立ち会っていただけませんか」

店長は、そんな光栄なことはないと、同行することになりました。

男性の車に同乗して、夜の街を走ります。

そのあいだ、男性はまたまた、一言もしゃべりません。

一流ホテルに近づくと、

「あそこのレストランですか？」

店長がそう聞いても、黙ったまま。ホテルの前を通り過ぎました。

「あっ！　夜景の見えるお店ですね」

などと何度も話しかけますが、ハンドルを握ったまま沈黙が続きました。


やがて……到着したのは、大きな病院でした。このとき、店長は、ようやく事の重大さに気づきました。2号サイズといえば、いくら女性だからとはいえ小さすぎます。

(相手の女性は病気で入院しているのだ。それなのに自分は、その日の売上を達成したことしか頭になかった)

恥ずかしくなり、なにも話すことができなくなりました。


午後9時。まっくらな待合室を通り抜けて、エレベーターでフロアを上がります。

またまた、店長はとまどいました。行先は病棟ではなかったのです。

病院に着いたとき、店長はひとつのイメージを頭に思い浮かべていました。病室のベッドの横で、彼女にプロポーズするシーンです。

ところが……。

その扉の前には、「ＩＣＵ」と書かれていました。そう、集中治療室です。

男性の後につづき、店長は部屋の中へ入りました。

女性の身体には、何十本もの管がつながれているのが見えました。

そこで、男性が口を開きました。

「店長さん、ここまで来てくださりありがとうございます。

じつは、今朝、病院にきたら先生にこう言われました。

彼女の命は今日一日かもしれないと。

そこでハッと気づいたんです。**まだ彼女にきちんとプロポーズをしていなかったと。**

それで、なんとか手に入れたいと思って、宝石店を探しまわったんです。

店長さんだけが、僕の思いを叶えてくれました。ありがとうございます」

店長は、売上のことばかり考えていたことを、ますます恥ずかしく思いました。


「今からプロポーズするので、見ていてください」

そう言うと、男性は彼女の手を取り、薬指に指輪をはめました。彼女の指は、以前は9号のサイズだったそうです。それが2号にまでやつれてしまっていたのでした。

「僕と結婚しよう」

そのときでした。

意識がないはずの彼女の目から、一筋の涙が糸を引くように頰《ほお》にこぼれ落ちました。

さらに、かすかにではありますが、彼女がコクリと頷いたかのように、ふたりには見えたのです。


店長は、その日を境にして生まれ変わったそうです。

お客様の背景にはさまざまなドラマがある。

自分は、お客様の人生を左右するプロポーズのお手伝いをしているのだ。なんて素晴らしい仕事に携わっているのだろう。

売上が目的ではない。**お客様に喜んでいただくことが一番大切なことなのだ。**


その後、先輩は、ますますお客様に愛される店長になったそうです。

笑顔の理由

不思議な友人がいます。彼女の名前は、姜恵蘭《カンヘラン》さん。知る人ぞ知る、キムチ製造販売で有名な㈱第一物産の社長です。

落ちこんでいるときに、彼女とちょっと話をするだけで元気になってしまうのです。それはまるで、魔法にかかったかのように。

その秘密は、彼女の「笑顔」にあります。まるでヒマワリのようなのです。

なぜいつも、こんなに満面の笑みをたたえられるのか。不思議でなりませんでした。

きっと、よほど幸せな家庭に育ったにちがいないと思っていました。

ところが、ある日のこと、彼女と話をしていると、

「昔、私が大切にしていたピアノが、ある日、家に帰るとなくなっていたのです」

と、唐突に言いました。キョトンとして、

「どういうこと？　泥棒でも入ったの」

と聞くと、彼女のお母さんが、人にあげてしまったというのです。

ますます、どういうことかわかりません。

「ちゃんと詳しく教えてよ」

と言うと、順序だてて話してくれました。


彼女のお母さんは、たいへん面倒見のよい人で、困った人がいるとほうっておけない性分だったそうです。

そのため、家にはいつも誰か彼か親戚や友人が泊まっていました。

親戚といっても、一度も会ったことのない、遠い遠い親戚です。

その親戚が一家で住み着いたりしていました。


ある日、家に帰るとピアノがなくなっていました。お母さんに、

「ピアノはどこにいったの」

とたずねると、必要な人にあげたと言われました。

じつは、そんなことは、日常茶飯事でした。

小学校の高学年のころ、大好きなアイドルグループの曲を宝物のように大切にしている

ラジカセで聴いていたら、お母さんがスゥ～ッと部屋に入ってきて、そのラジカセを持っていってしまったそうです。

「なにするの！」と言って怒ると、お母さんはピシャリとこう言い捨てたといいます。

「自分がいらないものをあげるんじゃなくて、自分が大切にしているものを人にあげれば、大切にしてくれる。田舎《いなか》の人たちは、勉強したくても物がないんだ。必要とする人に必要なものをあげるんだ」

そのとき、彼女の家には、故郷の韓国の田舎から、遠い遠い遠～い親戚が、お母さんを頼って泊まりに来ていました。お母さんは、ラジカセをその家族にあげてしまったのです。

ほかにも、お気に入りの洋服など、知らないあいだに物がなくなることは当たり前の日々でした。

お母さんは敬虔《けいけん》なクリスチャンでした。

その口グセは、

「求めるな、与えよ」

「求めるよりも、求めている人に与える人になりなさい」

だったそうです。

ここで合点がいきました。彼女の笑顔の理由です。

彼女は、目の前にいる人に、いつも何かを与えようとしている。それは物ではありません。

「与えよう」という強い気持ちが「笑顔」になって現れているのです。

恵蘭さんは、お母さんを亡くしたあと、社長業だけでなく、「与える」という遺志《いし》も立派に引き継いでいるのでした。笑顔はすべての人を幸せにするエネルギーです。

さて、そのお母さんにまつわるエピソードをもうひとつ。

ある日のこと、母親の知人のカナダ人一家が家に泊まりに来ていました。彼らは「友人」ではなく、ただの「知り合い」です。

お母さんは恵蘭さんに、「このカナダ人一家を東京観光に連れて行ってあげなさい」と言いました。

じつは、その日は彼女の15歳の誕生日でした。

「お母さんは、何をプレゼントしてくれるだろう？」

と、朝からワクワクドキドキしていました。

そこへ「観光に連れて行ってあげなさい」と言われたので、むくれて出かけました。

そんな彼女の嫌々な態度は、カナダ人家族にも伝わったようでした。

彼女は帰ってくるなり、お母さんに文句を言いました。

「今日は私の誕生日よ。なぜそんな日に、他人の観光案内をしなくちゃいけないのよ」

すると、いきなり母親の鉄拳が飛びました。

平手ではありません。ゲンコツだったそうです。そして、言いました。

「誕生日だからといって、何かをしてもらおう、祝ってもらおうという気持ちがダメだ。あなたはいったい、何をしてもらおうと思っているの？

誕生日というのはね、生まれてきたこと、育ててもらったことに感謝する日なのよ」


この言葉は、衝撃的でした。15歳の少女の心だけではありません。

こうして書いている、いい歳をしたオジサン（筆者のこと）にとっても、であります。

なぜなら、「誕生日に何をもらうか」ばかり考えて生きてきたからに他なりません。


さらに、お母さんは言います。

「何かをすることによって、相手に見返りを求めたりしてはいけない。

相手を楽しませたり、喜ばせたりしようとする気持ちがないから不満に思うのだ。

お前は、人間が小さい」

……この話を聞いて、思わず、「ハイ、私も小さいです」と言いそうになりました。


この教えを受けて育ったせいでしょうか？

恵蘭さんは、人を元気にする、人を喜ばせる名人です。

ちょっと心が疲れたとき、彼女から電話がかかってきます（これが不思議！）。

話をしているだけで、元気になります。これも以心伝心というものなのでしょうか。

もちろん、会って話をすると、その笑顔を見ているだけで幸せな気分になります。

彼女の名前の「恵」という字は、「恵まれる」という意味ではなくて、

「人に恵みを与える人間になりなさい」

という思いをこめて、お母さんがつけたものだそうです。

それだけに、「いま、このとき」恵みを必要とする人が誰なのか、本能的にわかってしまうのかもしれませんね。

微力ですが改めて、与えられるよりも、与える人になりたいと思いました。

もうすぐ着いちゃうの？

樋《ひ》渡《わたし》桂《けい》子《こ》さんは、地元の児童福祉支援センターを通じて、児童養護施設で暮らす子どもの「ふれあい家庭」を体験されました。

樋渡さんの暮らす宮崎県では、児童養護施設に入所していて、学校の長期休みのあいだに帰省することが難しい子どもを、一定期間だけあずかる「ふれあい家庭」という制度を実施しています。

彼女が「ふれあい家庭」に興味をもったのは、たまたま、私が中日新聞で連載しているコラム「ほろほろ通信」のバックナンバーを読まれたことがきっかけでした。

それはこんなお話です。

情けは他人のためならず

夏休みになると、両親の故郷の海や山ですごす子どもたちも多いだろう。学年の異なるいとこたちと遊ぶのは、刺激も多く思い出になる。一宮市の大森信子さん（58）から、夏休み恒例になっている家族行事についての便りが届いた。

大森さんのお宅では、正月、ゴールデンウィーク、盆と、年に三回、児童養護施設から里親《さとおや》として幼い子どもを受け入れている。

十八年目になった今年も、お盆休みには4歳の男の子たち二人がやってくる予定だ。特別な準備は何もしない。食事もふだんどおり。一緒に旅行に行くこともある。

施設で暮らす子どもたちの事情はさまざまだが、共通点がひとつある。どの子も決まって、やって来た二日間くらいは口数少なくおとなしいのだ。

「どんな人かな」と顔色をうかがっているのだろう。

しかし、三日目くらいになると、大森さんのご主人の肩をふざけてたたいてみたりするようになる。それが家族の一員になった瞬間だという。

子どもたちは、みんな実におぎょうぎがいいそうだ。寝る前には、きちんと服をたたんで枕元に置く。食事の際には、食べ終わるまで席を離れることはない。

この年頃の子どもたちはやんちゃだ。おそらく施設で教えられているのだろうが、言われても守れない方が当り前でもある。

そんなおぎょうぎのよい子どもたちを見て、お孫さんたちのぎょうぎがよくなるという、思わぬ収穫もあるという。

また、十年前に里子《さとご》と一緒に遊んだ経験のある甥《おい》や姪《めい》から、最近こんなことを言われたという。

「自分の親と一緒に暮らせるという当たり前のことにも感謝できるようになった」と。

まさしく、情けは他人のためならず。

今年もお孫さんたちが「いつ来るの」と言って楽しみにしているという。

2006年8月4日　中日新聞（愛知県内版）朝刊

子どもたちを迎えようと言い出したのは自分なのに、桂子さんは迷っていました。何度も何度も家族会議を開きました。長男には、

「よかれと思ってきてもらっても、その子を知らず知らずのうちに傷つけてしまったらどうするの？　それが怖いよ」

と言われました。桂子さんのご主人が、それにこう答えました。

「そんなことを恐れていたら誰も「ふれあい家庭」なんてできない。

私たちがやらなきゃ誰がやる。

もし傷つけてしまっても、その子が社会に出る際にプラスになると考えればいい」

その一言で、心が晴れたのだそうです。

長男家族も「協力するよ」と言ってくれました。

桂子さんの家には、野球が好きな小学5年のY君という名前の男の子がやってくることになりました。

自分の両親のことを一切知らないという、Y君が入所した事情は教えてもらいましたが、当日まで本人に会うことはできません。

こちらから「この子がいい」と選ぶことができない決まりなのです。

一度決めたことですが、やはり、桂子さんの心は不安でいっぱいです。

それでも、何も特別なことはせず、我が家のいつもどおりのお正月を一緒にすごしてもらうことにしました。

大晦日《おおみそか》、桂子さん夫婦は、孫（小学3年生）と、甥の子ども（小学4年生）と一緒に施設へY君を迎えに行きました。

その足で神社へ晦日参りに行き、午後から家庭菜園でイモ掘りをしました。

元旦は、またまた家族そろって仏壇にお参りをしてから、お雑煮を食べます。

桂子さん一家の、いつものお正月の風景です。

ただひとつちがうのは、Y君と子どもたちの3人にひとつの部屋を与え、夜も一緒に同じ部屋で寝かせたということでした。

3人は4日間、ずっと仲良く遊んですごしたそうです。

最後の日は、家族全員で公園に行き、野球をしました。

ただ、孫がひとり増えただけ。そう感じるほど、自然に溶けあっていたそうです。


Y君を迎えたお正月には、こんなこともあったそうです。

みんなで、「親の話はしないように気をつけようね」と約束していました。

ところが、野球の話で盛りあがったときに、桂子さんの長男が、

「○○選手の両親は、よほど育て方がうまかったんだと思うよ」

と口にしてしまったのです。

すかさず、掘りごたつの下で、長男のお嫁さんが、誰にもわからないように夫に足蹴りを一発！

このお嫁さんは、日頃はとても優しくて、人の話に口をはさんだり、悪口も絶対に言わない人なのだそうです。長男は、心の中で（しまった〜！）と反省したのだとか。

お嫁さんや、家族づきあいしている友人・知人の協力のもと、4日間をみんなで楽しくすごせたのだそうです。

さて、1月3日の夕方がやってきました。Y君が施設に帰る日です。たこ焼きパーティーで盛り上がったあと、家族6人が2台の車に分乗して、施設へと向かいます。

家を出る直前、Y君が悲しげに言いました。

「もう最後だよね」

どんなに「最後じゃないよ」と言いたくても、言ってはいけません。それが「ふれあい家庭」の決まりなのです。

次の機会を約束して、万が一、何らかの事情でできなくなってしまった場合、本人を悲しませることになるからです。

車の中で、Y君は涙こそ見せませんでしたが、何度もこんなことを口にしました。

「もうすぐ着いちゃうの？」

「お腹が痛いからどこかで休もうよ」さらに、

「もっとゆっくり走ってよ」

運転を誤りそうになるほど、Y君の気持ちが痛いほど伝わってきました。

Y君には、桂子さんの家のいつものお正月を、家族と同じようにすごしてもらいました。特別な気づかいもしていません。きっと、Y君は喜んでくれたのでしょう。

しかし、喜んでくれたからこそ、別れがつらくなります。

桂子さんはただ、

「うちはね、血がつながっていなくても、家にくる人はみんな家族なんだよ」

と話しました。


しばらくして、桂子さんは施設を訪ねました。みんなで撮った写真を届けるためです。

本人には直接伝えることはできないので、施設の人に申し出ました。

「お盆にもY君を迎えたい」と。


後日談。

その後、五年間にわたり、桂子さんの家族は、夏休みとお正月にY君をまねきました。

回を重ねるたび、お互いの心の距離が近づいていきました。そして朗報が……。

２０１７年４月、Y君は志望する全寮制の高校に合格しました。

その高校で、大好きな野球部で頑張っているそうです。

世界記録よりもすごいこと

これは、2010年の秋、滋賀県の長浜市で本当にあったお話です。

長浜市立浅井中学校では、毎年、全校生徒で取り組む体育祭の種目を自分たちで企画していました。1年から3年までの生徒が、ひとつの競技に参加するのです。

その生徒会の会議で、

「どうせやるなら、ギネス記録に挑戦するような大きなことをやろう！」

という話になりました。「やろう！　やろう!!」という同意は得られたものの、いったい「ギネス記録」になにでチャレンジするかが問題でした。

そこで、出てきたのが、大勢で「二人三脚」をするという競技でした。

「マルチ・レッグ・ラン（MLR）」と呼ばれる公認競技で、ギネス記録は、「261人262脚」。これを超えようということになりました。

ところが、全校生徒465名が横にズラーッと並ぶと、学校のグラウンドからはみ出てしまいます。やむをえず、記録達成のために、270人がMLRに、そして195名は

「むかで競争」に参加することになりました。

ＭＬＲの練習が始まりました。

まず、１クラスの約20名ごとに、小単位でトライします。それができると、次は３クラスが合同で練習をします。そして、最後に２７０人が一緒になっての練習です。

練習をしていて一番に難しかったのが、「一直線」の列を保って走るということだったそうです。あまりにも大人数なので、スピードが一定に保てないのです。

しかし、そう簡単には成功しません。なにしろ、世界中の人たちが挑むギネス記録なのですから……。それでも、体育祭の前日、「これで最後」という練習で、一回だけ成功することができたといいます。

さて、ここでＭＬＲのルールを説明しておかなければなりません。

なにしろ世界公認記録ですから、共通の厳格な「決まりごと」があるのです。

○距離は50メートル。時間は無制限。

○「ただ走ればいい」わけではなく、一直線の連続した「列」であること。誰かが倒れたり、全体が止まったり、足首に結んだヒモが切れたりした場合は無効になります。

なにより厳しいのは、挑戦は「一回」しかできないという点でした。
もうひとつ、大切なことがありました。イギリスのギネス本部に申請するために、証明記録を用意しなければならないのです。
○達成した瞬間の複数のビデオや写真を撮影、達成を報道する新聞記事を添える。
○公職に就く立会人13人のもとで行う。
この決まりのため、3台のビデオをまわし、新聞・テレビなど各報道機関、そして教育長や他校の校長先生に立ち会ってもらいました。

ついにその当日がやってきました。
生徒の保護者のみなさんも見守るなか、ヨーイドン！
そして……見事、達成！
記録は、約57秒。グラウンドは歓声にわきました。
ここで午前の部が終わり、昼食の休憩に入りました。
MLRの競技終了後、50分ほどがすぎた午後1時20分頃のことでした。
ひと組の母子が本部のテントに現れました。

応じたのは、クラス担任でありギネス競技の指導もしていた体育の先生です。

お母さんは、中学2年生の息子さんに向かい、

「ちゃんとあなたが自分の口で言いなさい」

とうながしました。男の子は、

「じつは、手ぬぐいが、ほどけてしまったんです」

と言いました。

ゴール直前に、隣の子の足と結んでいた手ぬぐいがほどけてしまったというのです。

みんなが「ヤッター!」と盛りあがっているなかで、自分の子どもだけが暗い表情だったので、お母さんは妙だと思って問いただしたところ、事実を告白したのだといいます。

そして、あわてて報告にきたのでした。

歓喜のなかで、この男の子はとても言い出せる雰囲気ではなく、悩んでいたといいます。

でも、その事実を知り、お母さんはおっしゃったそうです。

「言うのも苦しい、言わないのも苦しい。悩みました。大記録だけれど、そのままにしていてはいけない」

そう考え、断腸《だんちょう》の思いで先生をたずねたのだといいます。

まるで、「ワシントンの桜の枝」の逸話のようではありませんか。

不正がまかり通る昨今です。食品偽装など企業の不正事件は後をたちません。

そんな世の中で、なんて素晴らしいお話でしょう。

その正直な少年の心に打たれて胸が熱くなりました。

しかし、本当の物語はここから始まりました。


体育の先生は、「これは大ごとだ」と、すぐに教頭の南部啓作《なんぶけいさく》先生のところへその母子を連れて行き、もう一度詳しく話を聞きました。

話し終えると、母子はやっと少し落ち着いた様子になりました。

南部先生は、

「正直に話してくれてありがとう。午後の部も頑張りなさい」

と、その行為をほめて、母子を会場へ帰しました。

南部先生は、男の子の正直な申し出に、心おどるほどの喜びを感じつつも、

「大変なことになったな」と思いました。

先生や保護者、地域の人たちは、「ギネス記録達成！」とわいています。

そんななか、「じつは……」と発表したら、どれほどみんなが落胆《らくたん》するでしょうか。

なによりも心配したのは、正直に申し出た子どもが、イジメの対象になるのではないかということでした。

南部先生は、一番にこう思ったといいます。

「この子が責められないように守ってやらなければならない」


まず、この話を全教職員に報告。さて、次は事実確認です。

体育祭の翌日に、撮影した3台のビデオを先生方で目をこらしてチェックしました。

しかし、その映像からは、「手ぬぐいがほどけていた」様子は確認できませんでした。

でも……本人は「ほどけた」と言っています。

9月14日の朝一番、授業の始まる前に、校長、教頭、学年主任、そして企画した生徒会のメンバーが集まって緊急会議を開きました。

会議では、さまざまな意見がとびかい、紛糾《ふんきゅう》しました。


さあ、その結果……。物語は、次章へ続きます。

真実は、ひとつ

会議では、いろいろな意見が出ました。

しかし、ここでも、一番重きを置いたのは、

「その生徒を守らなければならない」ということでした。


体育祭のあった日の夕刻、ニュースで「ギネス記録達成！」と、快挙《かいきょ》の様子が報道されていました。もちろん新聞各紙も、さらには、インターネットにも広がっていました。

「今さら、言うに言えないような雰囲気」に追いこまれていました。

そこで、会議では、こんな結論を出しました。

イギリスのギネス本部には、記録の申請はする。ただし、

「ビデオでは判明しなかったが、ひとりだけひもがほどけたと自己申告した人がいる」

という文面を添えて。

ここには、ふたつのポイントがありました。

まず、申し出た生徒の正直な気持ちを尊重し、かつイジメにあわないようにすること。

そしてもうひとつは、記録を達成した大勢の生徒たちの成果を重んじ、「喜びにわく心」を傷つけないようにすることです。

相反するふたつの思いを両立させようとする苦肉の案でした。


さて、この決定にしたがってすすめるにはひとつ課題がありました。

ギネス申請書に立会人13人のサインをもらわなければならないのです。

その晩、南部先生は立会人のひとりである教育長さんをたずねて、ことのなりゆきをすべて説明しました。

しばしの沈黙。

その後、教育長さんは、一言こうおっしゃったそうです。

「真実はひとつです。その子の正直な申し出を大事にしてあげてください」

最後の判断がくだされ、会議の方針が、くつがえった瞬間でした。

南部先生も、静かにうなずきました。

しかし、「言うは易《やす》し、行うは難《かた》し」。かんたんなことではありません。

もう、報道されたあとのことなのです。

南部先生は悩みに悩み、意を決して、次のような内容を報道各社に送りました。

「取材・報道等でお世話になりました。しかしながら、競技終了後、生徒から自分のひもがほどけたという自己申告がありました。**生徒の勇気ある自己申告を大切にしたいと考え、今回はギネスに申請しないことにしました**」

あわせて、「その子を守る」ことに南部先生は注力しました。普段はおとなしい子なのでよけいに心配です。そこで、その子のとくに仲のよい友だちの3人を呼び、

「イジメられないように守ってやってくれ」

と頼みました。お母さんには、

「家庭でも気をつけて見守っていてください」

とお願いしました。

一部の報道機関からは、

「なぜ、もっと早く知らせてくれなかったのか」

という抗議の声も聞かれたといいます。

しかし、ほとんどのマスメディアは好意的でした。

「ギネスに勝る生徒の勇気」「真摯《しんし》な態度こそギネス」「『正直な勇気』感動は記録的」などという見出しで再報したのです。

それを読んだ読者から、次々とほめたたえる手紙やファックスが学校に届きました。職員室の電話は鳴り止みません。

さっそく、その旨を申し出た生徒のお母さんに報告すると、ほっとしたのか泣かれてしまったそうです。もちろん、イジメはおきませんでした。

ここに、浅井中学校宛によせられた数々のはげましの便りのなかから、いくつか紹介させていただきます（一部を要約してお届けします）。

「あっぱれ、浅井中学校、日本一」

生徒、生徒の母親、職員、そして、校長、皆さん、あっぱれです。ギネスなんかに登録されるより、全校生にとって、どれほど価値あることか、一生誇れる記念碑《きねんひ》です。ひさしぶり、晴れ晴れしました。ありがとう。

東京都文京区の男性からの手紙より

インターネットの記事で読み、感動しました。受験にやっきになっている学校が多いなかで、これを実行できる学校はすばらしいです。

私は二人の息子を育てましたから、「ひもがほどけた」と正直に申し出た生徒さんの行為がどれほど勇気を必要とすることか、よくわかります。

同じような状況で、私の息子たち、または私自身も申し出る勇気があるかどうか確かではありません。

さらに、感心したのは、その生徒さんが申し出ることができるような環境が学校にあったことです。子ども自身がどんなに正直でも、親や先生に言ったらしかられるかもしれないと思ったら申し出ません。

今回のことは、家庭や学校に受け入れられる確信があったからだと思います。

ギネス記録よりももっと大事なものを教えていただきました。

カリフォルニア州の日系アメリカ人と思われる男性からのメールより

男の子とお母さんの勇気を想像するだけで震えてきます。私だったら、「みんな、気づいていないのだから黙っておきなさい」って言ったと思います。

その申し出の後の先生方の対応、すばらしいですね。

事実を知った時の落胆《らくたん》、くやしさ。想像をぜっするものがあったと思います。全校の先生、生徒、関係者の方々、一人一人の頭の中は混乱していたことでしょう。勇気ある申告は一生、心の中に忘れえぬ記憶として残っていくと思っています。

愛知県名古屋市の主婦からの手紙より

最後に、もうひとつ。

兵庫県姫路市のある男性から、全校生徒にリンドウの花465本、そして各クラスにシンビジウムという花の鉢植《はちう》えが届けられました。

花にはメッセージカードが添えられており、

「みなさんのその美しい心こそが世界一誇るべきものであると思います。いろいろと、あったかもしれませんが、それでも、みなさんの美しく、正直な心は、日本国内はもとより世界の多くの人々に大きな感動を与えたことでしょう」

と書かれてありました。

さらに、色紙が一枚。そこには、

「誠実」と「正直」という花言葉が。

そうです。**真実は、ひとつなのです。**

伝説のオルゴール・ショップ

なにげなく聞いていたラジオから、思い出の曲が流れてきて、胸が切なくなったり、涙があふれてくることがあります。つらくてたまらなかった「あのとき」、どん底で先が見えなくなっていた「あのとき」に、ふと口ずさんでいた「あの歌」です。

名鉄百貨店の本館8階に、いまでは伝説《レジェンド》となったオルゴール・ショップがありました。店長は山森万睦《やまもりひろちか》さん。オルゴールの販売会社を営み、名鉄百貨店に入店していました。

いまから10年ほど前の、ある日のことです。七十歳くらいの男性が来店され、

「『すみれの花咲く頃』を探しているのですが、こちらにありませんか？」

と、たずねました。名古屋のすべてのデパートをまわったけれど、見つからなかったそうです。疲れはてて、最後にたどり着いたのが、名鉄百貨店でした。

なんと！　たまたま店に1台在庫がありました。喜んでいただけるものと思ったら、

「48台いただきたいのです」

と、おっしゃいます。なにやらいわくありげな様子が気になり、山森さんは話を詳しくうかがうことにしました。

お客様は、長年、連れ添った奥さまが亡くなり、葬儀を終えて間もないとのことでした。奥さまは宝塚歌劇団の大ファンだったそうです。生前、ご夫婦ではもちろん、親戚や友だちと一緒に、何度も舞台を見に出かけていました。

香典返しを考えたとき、思い当たったのが「思い出」でした。

一緒に舞台を観た人たちと奥さまの思い出を共有したい。

そこで、宝塚歌劇団の愛唱歌の「すみれの花咲く頃」が流れるオルゴールを贈ろうと心に決めたそうです。

いや、それ以外には、考えられないとまでおっしゃいました。

しかし、オルゴールの業界の常識からすると、とても引き受けられない依頼でした。なぜなら、ひとつの曲の在庫が48台も、問屋やメーカーに残っているものではないからです。もし、メーカーに新たに注文して制作するにしても、その発注の最低ロットは100台。全部を買い取るのが条件になります。

なにより、四十九日の法要まで2週間しかありません。

いまから制作していては間に合わないことはあきらかでした。

つまり、不可能と思われる依頼だったのです。


それでも山森さんは、「なんとかしてさしあげたい」と思い、その日はいったん、お客様にお帰りいただきました。


山森さんは、不可能を可能にすべく、すぐさま動きました。

当時、全国の観光地などにオルゴール館が36軒ありました。その一軒ずつに電話をかけ、「すみれの花咲く頃」の在庫があるかどうかたずねました。

すると、そのうち10軒のオルゴール館で、合計48台の在庫を確認することができました。

しかし、たいへんなのは、これからでした。


オルゴールの音色を奏でる機械の部分を「ムーブメント」と呼びます。

山森さんは、そのムーブメントだけを手に入れたいわけです。

箱（「響体《きょうたい》」と呼びます）も含めた製品をそのまま買い取ったのでは、途方もない金額になってしまうからです（なかには高価な「響体」もありました）。

そこで、在庫のあったオルゴール館に事情を説明し、お願いしました。商品からムーブメントの部分だけを取りはずし、その商品を仕入れた問屋さんに、他の曲のムーブメントと交換してもらうように、と。

そのあと、問屋さんに返品されたムーブメントを、山森さんが買い取るのです。オルゴール館にとっては、なにも得することはありません。ただ手間ひまがかかるだけです。

それでも、ひとりひとりに事情を話し、30台分のムーブメントが確保できました。

では、残りはというと……8台についてはムーブメントの部分だけ取り外して定価で買い取り、10台については響体ごと買い取ってムーブメントだけを取り外しました。

そして、お客様が希望される5種類の響体に、ムーブメントを取りつけました。香典の額や相手の好みに応じて、響体のデザインを変えたため、5種類にもなったそうです。

小売業である百貨店のショップが、同じ小売から商品を回してもらうこと。

そして、少なくとも3か月以上かかる納品を、わずか2週間で仕上げたこと。

ふたつの点で、通常の商いではありえないことを実行したのです。

「それでは赤字になりませんか？」

とそぼくな質問を山森さんにぶつけました。

すると……、

「もちろん私も商人なので、損得勘定はします。しかし、**お客様の曲への思い入れを聞いてしまうと、願いをかなえてさしあげたいという気持ちが勝ってしまうのです。1円でも黒字になればいい。なんとかしたい、と**」

商品がすべてそろった段階で、響体の中に、ご夫婦からのメッセージカードを入れて包装するように頼まれました。その挨拶文の末尾に、こんな言葉が添えられており、山森さんは驚きました。

「このオルゴールのムーブメントは、名鉄百貨店の山森さんのご好意で、日本じゅうの在庫の中から集めて、準備してくださったものです」

山森さんは、恐縮して辞退しました。「それでも」とお客様のたっての願いで、そのままカードを封入することになったそうです。

「働く」ということは、どういうことか。

物を売るということは、単なるお金との交換ではないということを学ばされるお話です。

物を売らずに、心を売る

3年ほど前、山森さんのオルゴール・ショップに、初老の男性がたずねてきました。

「リュージュ社の『アメージング・グレイス』を10台ほしい」

との要望でした。

リュージュとは、スイスに本社を置く、世界唯一の、手づくりのオルゴールメーカーです。よほどそのお客様が、オルゴールに詳しいのだと想像できました。

山森さんは、その依頼の背景に何かを感じ取り、

「よろしければ、ご事情をお聞かせ願えませんでしょうか」と、たずねました。

すると……、その男性は、つい最近、お医者さんから不治の病と診断され、余命半年と宣告されたのだと言います。

そこで、男性は考えました。

今まで、人生においてお世話になった10人に、お礼の品をプレゼントしたい。

それが、『アメージング・グレイス』のオルゴールでした。

自分が「死」に直面したとき、お世話になった人に「ありがとう」の気持ちを伝えたい。その思いを「音楽」にのせて。

残り少ない命のなか、なかなかできることではありません。

山森さんは、神の恵みを讃《たた》えるこの曲こそ、まさしくぴったりだと思いました。

そして、なんとか願いを叶えてさしあげたいと、心の仕事魂に火がつきました。

さっそく、リュージュ社に問いあわせると、意外な事実が判明しました。

世界中の多くの人たちに愛される『アメージング・グレイス』のオルゴールを、リュージュ社では制作したことがなかったのです。

なぜなら、この曲は教会のゴスペルで作曲者が不詳だからでした。

リュージュ社の製品には、すべて作曲者名が刻まれることになっているため、作られたことがなかったというのです。

ということは、オルゴールの譜面から制作しなくてはなりません。

さらに難題が……。その制作費、1台あたり50万円。

制作の都合上、最小ロットは20台で、すべて買い取るという条件つきです。

お客様に手渡すのは10台なので、残りの10台を別に売らなくてはなりません。

それでも、山森さんは迷わず発注しました。

ここにも、損得を超えた「お客様の願いを叶えたい」という、熱い心がありました。

この話をうかがいながら、気になって仕方がないことがありました。

余命半年と宣告された男性のもとに、無事、生きているうちに届けることができたのだろうかと。

山森さんにたずねると……。

「もし、自分が先に死んでしまうといけないのでと、代金も先払いしてくださいました。しかし、間にあいました。オルゴールは、10名のみなさんのもとに届けられました。そして、そして！　奇跡的に、その男性は今もご存命なのです」

ホッとして、体の力が抜ける思いがしました。よかった！

まさしく神の奇跡。神様の恵みがあったにちがいありません。

もうひとつ、オルゴールにまつわるお話を紹介しましょう。

ある年の4月のこと。若い女性がふらりと訪れました。店頭にあるひとつのオルゴールに魅了された様子。どうやら惚《ほ》れてしまわれたようでした。

店長の山森さんに、

「これが欲しいのですが、この春、大学生になったばかりでお金がありません」

と、残念そうに言いました。

それは、「シンギング・バード」という、小鳥のさえずりを奏でるオルゴールでした。

ラピスラズリ調の青いオパールがあしらわれた木箱です。

この類《たぐい》の商品は、時代とともにデザインが変化していきます。おそらく、今を逃したら二度と手に入らないでしょう。

何度も、テレビの鑑定番組でも取りあげられている有名なオルゴールです。

しかし、その価格は、45万円もするのでした。


さて、翌日のこと。その女性が、再び来店されました。

「さきほど、銀行で積み立て預金を始めました。頑張ってアルバイトをして貯めます」

と言い、山森さんに通帳を差し出して、1万円入金になっているのを見せました。

べつに、「取り置き」を頼まれたわけではありません。

通帳を見せると、すぐに女子大生は帰って行きました。

でも、山森さんはスタッフに、

「もし、あの女性がもう一度ご来店されることになったら、このオルゴールを出してください」

と言い、商品を奥に引っ込めました。

「それまで、けっして売らぬように」と言い含めて。

それから、3年半の月日が流れました。

そして、ある日、あの女子大生がやってきました。

「貯まりました」

と一言、笑顔で言います。山森さんも、ただ一言、答えました。

「取ってあるよ」と。

「なぜ、一度きりしか会ったことのない若者の言葉を信じたのですか？」

と問うと、山森さんはこう答えました。

「なぜかわかりません……信じられる瞳をしていたからかなあ」

音楽は、人と人の心を紡ぎます。そんなオルゴールの仕事をしている山森さんが羨ましくなりました。

山森さんは言います。

「オルゴールという商品は、99％のお客様が、その曲に対する〝思い入れ〟があって店をたずねてこられます。『すみれの花咲く頃』のように、「こんな曲探しているんだけど」、と。**その願いを叶えてさしあげるのが、喜びなのです**」

「いったいなにがそこまで、山森さんを突き動かすのですか？」

とたずねると、

「お客様の〝曲〟への〝思い〟をうかがったり、オルゴールへの愛情が伝わってくると、なぜか心のスイッチがパチンと入ってしまうのです。

するとと、**不可能を可能にしたいという〝意地〟が心の奥底からもたげてくるのです**」

と力強く言われました。

じつは、今回、山森さんを紹介していただいたのは、数年前まで名鉄百貨店で執行役員として教育担当をしていた浅野丈夫さん（現・豊鉄タクシー代表取締役社長）です。

山森さんの「すみれの花咲く頃」のエピソードを、百貨店のスタッフに「おもてなし」のお手本として、研修の際に披露していたというのです。

浅野さんは、その研修時に、こんな話をしていたといいます。

「デパートは、物を売るのが仕事です。

でも、店頭にある物を売ることだけが、仕事ではありません。

お客様の〝物に対する思い〟を受けとめて、その願いを叶えてさしあげるのが仕事です。

もし、今ある商品や仕組みがお客様のためにならないとしたなら、それをどこまで壊せるか。それが私たちの仕事です。

お客様の要望を叶える以外に、我々の仕事はありません」

と。一言で言いかえれば、「物を売らずに心を売る」ということでしょうか。

浅野さんは、こうも言います。

「決まったことを、決まったようにしかやらない。

そういう仕事ぶりは、発展の妨げになります。

ただ、並んでいる商品を渡すのは、ただの『作業』にすぎません。

なんとか要望に応えられないかと、探し出すのが仕事なのです」

名鉄百貨店では、今も社員のあいだで、レジェンド（伝説）として脈々と引き継がれているそうです。

世界一ヘタクソな合唱団

愛知県に、代表である池田則浩さん自身が「世界一ヘタクソ」だと公言してはばからない合唱団があります。

それが、「少年少女合唱団　地球組」です。

メンバーは現在、約１３０名。

その半数は健常者ですが、あとの半数はダウン症や心臓病、難病にかかった子ども、知的障がい・情緒障がい、多動症の子ども、さらに学校へ行けなくなり「引きこもり」になった子や、実親とすごせない子どもたちです。

コンサートでは、最前列に車イスのメンバーが何人か並びます。

言葉がしゃべれず、歌えない子もいます。

口パクでみんなに合わせるどころか、キョロキョロと視線の定まらない子もいます。

その子たちも、立派な地球組の仲間です。

それでも、「聴きたい」「感動したい」という大勢の人たちが、コンサートにやってきます。世界一ヘタクソだけど、たくさんの観客を呼ぶ合唱団なのです。

知的障がいと情緒障がいをあわせもつ、A君の話をしましょう。

A君は小学1年生のときに、お母さんと一緒に地球組に参加しました。

練習は月に2~3回、2時間半行います。

最初は、その場に立っていることも、イスにじっと座っていることもできませんでした。

みんなが練習しているときでも、イスの上で絵を描いたりと、他のことばかりしています。

でも、代表の池田さんは毎回、

「一緒にやろ!」

と優しく声をかけます。

池田さんは合唱の指導方針として決めていることがあります。それは、

「嫌がらない」「邪険にしない」「怒らない」ということ。

さまざまな障がいをもつ子どもがいます。

いきなり練習場にきても、最初は誰ひとり友だちもいないのですから、落ち着きがなくて当たり前です。

その子たちに、「まずは居場所を与えてあげることが大切だ」と、池田さんは考えるのです。

根気よく接していると、3年、4年とたつうちに、A君に変化が現れました。だんだんと、練習中に歩きまわることがなくなったのです。

ついに、2時間以上、じっと座っていられるようになりました。

でも、歌うことはできません。普段から「あ〜」としか発音できないのですから、当たり前です。

ある日、池田さんはふと思いつきました。

「A君はしゃべれないけれど、リコーダーを吹くことができるのではないか」

そこで、A君にリコーダーをわたしました。

すると、譜面は読めないけれど、リズムを取って音階を理解し、曲を演奏できるまでになったのです。

コンサートでは、3人でリコーダー合奏発表を果たしました。

池田さんは言います。

「特別支援学校や支援学級では、クラスの友だちのほとんどが、授業中、じっとしていられません。それがふつうです。

地球組では、健常者と障がい者が同じ場所ですごします。**何年も根気よく続けるうちに、デキない子がデキる子を見ていて、一緒に取り組めるようになるのです**」

何年も強制せずに見守り続けること。

そのガマン強さ、鷹揚《おうよう》さに、ただただ、頭がさがります。


やはり「あ～！」としか言葉を発せられない子がいました。B子ちゃんです。

B子ちゃんは、ずっと車イスで、寝たまま、20歳をすぎても首がすわりません。

メンバーのなかで、最も重度の障がいをもつ女の子でした。

コンサートではB子ちゃんも舞台にあがりますが、歌うことはできません。

しかし、まちがいなく、地球組のメンバーです。


さて、コンサートが始まりました。仲間が歌い始めます。みんな一生懸命です。

一緒に歌っていると、こんな瞬間があるといいます。

全員が「あ！　うまく歌えたなぁ～」と思えるとき、だそうです。

そんなとき、B子ちゃんが、

「あ～！」

と声をあげました。

……観客の多くは、こう思うかもしれません。

「嫌だな、せっかくうまく歌えたのに」

と。健常者にはそれが単なる「雑音」に聞こえてしまうのかもしれません。

でも、合唱団の仲間は、心のなかで、

「やったー！」

というガッツポーズをします。

B子ちゃんが、うまく歌えたことを評価してくれた。

同じ舞台の上で聴いていて、心地よいから「あ～！」と言ってくれたのだ、とわかるというのです。

「あの子を喜ばせたぞ！」

というのが、メンバーの最大の喜びなのです。

合唱コンクールでは点数をつけて順位を競います。
でも、歌う喜びはそれだけではないはずです。
一緒に歌えなくても同じ舞台に立つだけで、心がひとつになれる。
それは何物《なにもの》にも代えがたい喜びです。
合唱の知られざる力を知りました。

お姉ちゃんと学校に行きたくない！

２０００年6月4日、地球組は誕生しました。

当時、名古屋青年会議所の委員長だった池田さんは、50周年記念事業でなにに取り組むかを仲間と模索していました。

彼らは未来を担う子どもたちのためになにかしたいと考えました。

そんなとき、モンゴル共和国に出かけ、マンホールチルドレンの支援を行いました。

池田さんたちは、帰国して気づきます。

足元の愛知県だけでも、五千人も障がいをもつ子どもが特別支援学校で学んでいること。

そのほかにも、さまざまな困難を抱える子どもたちがいることにも。


どうしたら、手を差し伸べられるだろうか。

そうだ！　音楽なら、障がいや言葉の壁を越えられるにちがいない。

そこで、身体や知能に障がいがある子も、そうでない子も、国籍がちがう子も、勉強が優秀な子も、苦手な子も、音楽が得意な子もそうでない子も、みんなが一緒に手をとり、ともに生きる地球の仲間になれるように、「少年少女合唱団　地球組」をつくりました。

2003年、名古屋青年会議所の事業としての地球組はその活動期間を終えます。その後、言い出しっぺの池田さんは、地球組の活動をなんと個人で引き継ぎ、市民団体として独立させました。

資金のこと、時間のこと、幾多の問題があったはずです。実際、毎年、ポケットマネーから多額の活動費の補てんをしています。

私は池田さんにたずねました。

「なぜ、こんな面倒なことを続けられるのですか」

「そう言われても困ります。だって、みんなの笑顔を見るのは楽しいじゃないですか」

そう純粋に答えられるととまどいます。まるで自分の心がにごっているような気がして。

でも、さらにたずねます。

「やめようかと思ったことはありませんか」

「地球組の活動を続けていくことが、私にとって一番の幸福です」

設立当初から、ふたりのお子さんと奥さんも活動に参加し、まさしく家族ぐるみで取り組んでいます。

そんな池田さんは、どんな瞬間に幸せと感じるのでしょうか。

こんなエピソードを紹介しましょう。

あるとき、小学校低学年の姉と妹のふたりが、地球組に入りました。お姉さんは知的障がいがあります。

登校するとき、姉妹は一緒に家を出ますが、妹は友だちからこう言われたそうです。

「あんたのお姉ちゃん、変」

そんなことが続き、やがて妹は、

「お姉ちゃんと一緒に学校へ行きたくない」

と言い出しました。

親としては、これほど悲しいことはありません。親はいつか老います。将来、妹に姉の面倒を見て欲しいと期待をかけていたから、なおさらです。

地球組に入って練習するうちに、妹は気づきます。お姉ちゃんよりも、もっと著《いちじる》しい障がいをもったメンバーがいることに。

そして、そんな障がい者が、健常者と一緒に歌っていることに驚きます。

時がたつにつれ、妹の心に変化が現れました。ある日、両親に言い出します。

「わたし、お姉ちゃんと一緒に学校へ行く」

と。友だちから、からかわれても、

「わたしの大好きなお姉ちゃんだよ」

と、明るく答えられるようになったのでした。


池田さんは、こう語ります。

「あの子が邪魔だとか、あの子がいなけりゃ、もっといい音楽ができたのに、などとは地球組の仲間は思いません。障がいがあっても、お互いを認めあうことができるのです。

このことは世界中でおきている問題と関係があると思います。異民族だからとか、異なる宗教だからという理由で他人を排除しようとすると戦争がおきます。

自分とちがうものを排除するのではなく、認めあうこと。

自分と非《ひ》なる人が喜んでいるときに、一緒になって喜んであげられる。

その瞬間に立ちあえることが、一番の幸せです」

子どものときから地球組に参加していると、大人になっても、国籍やハンディなどで人を差別しなくなるといいます。

設立当初から地球組に参加していたメンバーのひとりは、教育大学に進学し、特別支援学級の教諭になりました。いまでは地球組の活動を支える重要なスタッフだそうです。

池田さんのＤＮＡはまちがいなく、次の世代に受け継がれています。たとえそれが牛歩のごときであっても、世の中を変える力になると、信じます。

奇跡《きせき》をおこす学習塾《じゅく》

信じられるでしょうか。私は最初、耳をうたがいました。

岐阜県にある志門《しもん》塾という学習塾では、**「結果」、つまり「合格」も大切だけれども、それよりももっと「プロセス」が大切だ**というのだそうです。

授業中、先生は自分の成功体験、つまり「こうしたら合格した」というノウハウを子どもたちに教えるのではなく、今までの人生での「失敗談」を話すのだといいます。

極論を言えば、不合格では「学習塾」の意味がありません。

学校の授業だけでは学習が足りないと思って、「お金」を払って通うのです。その対価にみあった「結果」を出すことが期待されています。つまり「合格」です。

志門塾は、岐阜県でトップの進学塾です。

親御さんは、「有名校に行かせたい」という願いから、子どもを志門塾に入れたがります。

にも関わらず、「合格」よりも「プロセス」が大切とは、どういうことなのか。

いったい、どんな先生と子どもがいるのか知りたくて、志門塾総塾長の成瀬正さんに、会いに行きました。

成瀬さんは、私の疑問に対して、こんなエピソードを語ってくれました。

志門塾に、Aさんという女子生徒がいました。

Aさんは、とても人望のある子だったそうです。

塾には、あちらこちらの地域から生徒が通ってきます。

彼女は、いくつもの異なる中学の子たちをひとつにまとめる役割をしていました。

みんなの人気者で、生徒会長ならぬ、塾生会長のような存在でした。

しかし、残念なことに、肝心な学校の成績がよくありません。だから内申書が悪いのだそうです。当日の試験ができても、内申書の点数が低ければ合格するのは困難です。

中学の先生からは、「志望校を落とせ」とさとされました。

それでも、Aさんは、

「どうしても地元の進学校に行きたいんです」

と訴えました。

成績の悪いのは、自分の責任です。学校の先生は、悪い結果にならないように、配慮してくれたのでしょう。でも、Aさんはどうしても希望校を受けたいのでした。

Aさんは、悩みに悩んで、通っている志門塾のK先生に相談しました。

すると、K先生は、

「よし、受けろ！」

と、即答しました。

Aさんは、その言葉を待っていました。どんなにうれしかったことでしょうか！

でもそれは、K先生にとって、大変危険な決断でした。

もし落ちたら、一介《いっかい》の塾の講師に責任が取れるのか。

親から文句を言われないか。塾全体の責任は？

……何より一番の心配は、Aさんの未来への影響です。


その瞬間から、AさんとK先生、ふたりの戦いが始まりました。

K先生は自分の言葉の責任を果たすべく、Aさんのご両親の了解をもらって、深夜まで勉強を教えました。

教えるだけではありません。勉強が終わると、真冬の凍《い》てつく道を、Aさんを自宅まで毎日毎日送り届けました。もちろん、給料なんて度外視です。

K先生の教え子は、Aさんだけではありません。K先生は、休みなく働きました。


さて、受験の結果は……。

午前9時、高校の掲示板に合格者が貼り出されました。

そこに、Aさんの番号はありません。Aさんは泣きくずれました。

それから、Aさんにとって残酷な時間が始まりました。

塾ではその日、祝賀会が行われる予定だったのです。

合格発表につきそって行ったK先生は、いったん、Aさんを家まで送りました。

「祝賀会が終わったら、また来るからな」

そう言い残し、いったん、塾へ戻りました。


たまたま、Aさんの不合格を、塾で仲間だったB君が知っていました。

Aさんは、B君に口止めしました。

「私が落ちたこと、みんなに言ったらあかんよ。絶対」

祝賀会の雰囲気を壊したくなかったからです。なんと優しい心づかいでしょう。彼女以外は、全員合格していたのでした。

それでも、ひとりだけ祝賀会を欠席すれば、B君がしゃべらなくても事情はわかります。ましてや、Aさんは塾生会長のような子だったのですから。

レストランで開催された祝賀会が終わっても、だれひとり家に帰ろうとしませんでした。家では、家族がお祝いをしようと待ちわびているにも関わらず、です。

「Aに、手紙を書こう」

だれかれとなく、言い出しました。

みんなが、頭を寄せあい、はげましのメッセージを書きました。

そして、全員でAさんの家を訪ねました。

呼び鈴を鳴らしたりはしません。郵便受けに、手紙をそっと入れて帰りました。

外の気配を感じ取ったAさんは、表に出ます。みんなは去ったあとです。

Aさんは郵便受けの一通の手紙に気づきました。

メッセージを読んで、どんな気持ちになったでしょうか。

Aさんは、仲間全員に、そしてK先生に電話をしたのだそうです。

「ありがとう！」と。

さて、その後の彼女の人生について語らなければこの話は終わりません。

志望校に落ちたあと、Aさんはどうなったのでしょうか？
K先生は、まわりの想像以上に責任を感じていました。
辞表を書いて胸にしまい、いつ提出しようかと悩んでいたそうです。
もちろん総塾長は、K先生を辞めさせるつもりなどありませんでした。
合格発表の3日後。K先生のもとに一通の手紙が届きました。Aさんからです。
そこには、こんなことが書かれてあったそうです。

「私は、先生と会わせてくれた神様に感謝しています。
けっして後悔なんてしていません。
だから、いつもの最高の笑顔を忘れないでいてください。
そして、もっともっと、後輩たちの育成に自信をもって当たってください。
先生は言ってましたよね。塾とは、勉強を教えるだけのところじゃないって。
私は先生に『頑張る』ことの本当の意味を教えてもらいました」

Aさんはその後、第二志望の高校から、三年後に希望の大学に合格を果たします。
それから、英語の学力をみがいて、なんと志門塾の先生になりました。

いつしかそれが、Ａさんの「夢」になっていたのでした。

「結果」が、不合格にも関わらず、その「プロセス」がよかったからこそ、Ａさんは素晴らしい人生を歩むことができたのです。その「プロセス」とは、

「『失敗』に負けない心を養うこと。『挫折《ざせつ》』しても納得できる努力をすること」です。

人生とは失敗や挫折の連続です。たぶん、うまくいくことの方が珍しいでしょう。

でも、たいていの場合、まわりの人たちは失敗したときにどうしたらよいのか教えてくれません。もちろん、そんな科目は学校の授業にもありません。

受験に失敗した翌年、Ａさんは志門塾の後輩たちに、こんな手紙を届けてくれました。

「受験生の皆さんへ

私は受験に失敗しました。でも、後悔はありません。

後悔したら、頑張ってきたことが無駄になると思っています。

結果じゃなくて、一生懸命に頑張ることが一番大切なことであると、自分を信じて頑張ってください。

みんなならば必ずできるはずです。

合格発表の日、みんなが最高の自分に会うことができるように、心から願っています」

第二章

読むだけで明日への元気をもらえる話

こんな新聞屋さん、聞いたことない!

静岡県浜松市に、1960年創業の「アウンズ・ヤナギハラ」という新聞販売店があります。

アウンズ・ヤナギハラは、ただの新聞販売店ではありません。

新聞以外に、「あるもの」も配達しているのです。

それは、牛乳?　乳酸菌飲料?　それとも灯油?　ピザ?

……いえいえ、ちがいます。ひとつヒントを出しましょう。

配達スタッフたちは、家々をまわるとき、いつもメモ帳とペンを持ち歩いているのです。

さあ、アウンズ・ヤナギハラで日々おきている出来事を報告させていただきましょう。

ある朝の出来事です。配達スタッフのIさんは、いつも配達しているお宅で、水道管が破裂して水があふれ出ていることに気づきました。

時刻は午前5時30分。教えてあげたいけれど、そんな時間にピンポーンと鳴らしてしまったら、起こしてしまうかもしれません。

そこで、ほかのお客様の家をグルッとまわり、時間をみはからってから、チャイムを鳴らして、教えてさしあげました。

こんな話を書くと、

「そんなのお客様の家だから当たり前じゃないか」

という声が聞こえてきそうです。

ところが、こんなお話も……。

ある日、アウンズ・ヤナギハラの本社に、1本の電話がかかってきました。配達地域にお住いの方からです。

「今朝、新聞を取りに玄関を出ると、新聞受けにメッセージカードが入っていました。『車のライトが点《つ》いています』と。ヤナギハラさんの新聞の読者でもないのに……本当にありがとうございました」

こんなことは、日常茶飯事。お客様であるかどうかは関係なく、自分が担当する地域で気づいたことがあると、どんな小さなことでも新聞受けにメモを入れておくのです。

そのためにメモ帳とペンを持ち歩いているのですね。

またまた、ある日のことです。

配達スタッフのHさんが、配達途中に、家の玄関の前で、お父さんがお子さんと母親の写真を撮ろうとしている家族を目にしました。その日は、地元の中学の入学式。お子さんは真新しい学生服を着ています。Hさんは、

「お撮りしましょうか」

と声をかけ、家族そろっての記念写真を撮ってさしあげました。

なんとその日は、続けて3組もの入学写真を撮ったそうです。


ある年の1月6日のこと。

配達スタッフのOさんが夕刊を配達していると、路上で1枚の年賀状を拾いました。車にひかれてタイヤの跡がついて、ずいぶん汚れています。

差出人は遠方の人で、宛先は浜松市内になっていました。その名前に心当たりがないので、当店のお客様ではないようです。

Oさんは思いました。

(郵便配達の人が、誤って落としてしまったのかもしれないなあ)

Oさんは配達を終えたあと、地図でハガキの宛先を調べて、その年賀状を届けに行きま

した。事情を説明すると、何度も頭を下げて喜んでいただけたそうです。

そうなのです。

アウンズ・ヤナギハラの配達スタッフさんたちは、少々「おせっかい」なのです。失礼。「おせっかい」なんていうと、誤解されるかもしれません。

ただ、新聞を配達するだけでなく、朝夕に自分たちの住む町を歩いているあいだ、「なにか役に立てないか」と考えながら働いているのです。

さて、ある日のことでした。

配達スタッフのSさんが、あるお宅に朝刊を配達に行くと、新聞受けに、昨日と一昨日の新聞が入ったままになっていることに気づきました。

さらに、外はもう明るいのに、家の中からは灯《あか》りが見えます。

その家は、60代の女性がひとりで暮らしています。Sさんは、記憶をめぐらせました。

(ここ2〜3か月、集金でお目にかかるとき、体調が悪そうだったなあ)

これはおかしいと思い、すべての配達を終えたあと、再びその家に戻ってドアをノックしました。でも、応答がありません。

以前、ご本人から、「何かあったら息子さんへ」と頼まれていました。すぐに、息子さんの連絡先へ電話をしましたが、つながりません。

そこでSさんは、浜松市役所に電話をして事情を説明しました。

すぐに、市役所の担当者がやってきました。裏口へまわると窓が開いており、そこから入ってみると……布団の上で仰向《あおむ》けになって女性が倒れているのを発見!

救急車で病院へ搬送し、命をとりとめました。

病院の先生いわく、「あと1日遅かったら危なかった」とのこと。

後日、その家の親戚の方が、わざわざ新聞店にお礼にこられたそうです。

Sさんは言います。

「毎日、新聞を配っていると、『どこか雰囲気がおかしい』と、感じるんですよ。私の担当地域では高齢の方が多いので、常にお客様に声をかけるようにしています」

今度は、配達スタッフのAさんの話です。Aさんが事務所にいると、高齢のFさんというお客様から電話がかかってきました。

「今すぐ来てほしい」

と言うのです。「なんだろう」と心配になってうかがってみると、

「娘に宅配品を送りたいのだけれど思うようにいかないの。手伝ってくれないかしら」

「はい、喜んで」

Aさんは送り状を書き、取次店まで荷物を運んであげたそうです。

Fさんはひとり暮らしです。以前、脳梗塞《のうこうそく》になり手が震えて文字が書けません。

そこで、電話器をワンプッシュすれば、アウンズ・ヤナギハラの事務所につながるように設定してあるのです。

Aさんは、ほかにも、切れた電球を交換したり、手紙の代筆をしたり、生協へ買い物に行ってあげたりと、それが当たり前になっているといいます。

こんな新聞屋さん、聞いたことない！　でしょ！


いかがでしたか?

アウンズ・ヤナギハラさんが、新聞以外に配達している「あるもの」がなにか、もうおわかりですよね。

安心、信頼、親切、気づかい……そう、思いやりの心を配達しているのです。

叶うものなら、私の家にも配達して欲しいなぁ〜。

困っている人に出会ってばかり？

さて、前のお話では、配達スタッフのSさんが、新聞受けに、二日ぶんの新聞が入ったままになっていることに気づき、家の中で倒れていた女性の命を救ったというエピソードを紹介しました。

しかし、これは「アウンズ・ヤナギハラ」さんのお客様に関わることです。

当たり前といえば、当たり前。

ところが、とても当たり前とは思えないようなことが、「アウンズ・ヤナギハラ」さんのまわりで頻繁におきています。

「アウンズ・ヤナギハラ」さんでは、社員さんが、毎日あった出来事を「情報メモ」に書き残し、報告しあうことになっています。

そのメモをみんなで共有し、次の仕事に役立てているのです。

ある年の「情報メモ」から、いくつか紹介させていただきます。

2月26日　八幡店Hさんの報告

配達途中、道路に人が倒れていました。嘔吐《おうと》しており、同僚のIさんに電話するとすぐに駆けつけてくれました。Iさんが警察に連絡。「ここは自分が残るから」と言われ、配達を続けました。

4月15日　三方原店マネージャーHさんの報告

「配達中、事故現場に通りかかったので手伝っている」と、Eさんから店に電話が入りました。現場に飛んで行くと、散歩中の人が車にはねられたとのこと。たまたま、被害者がEさんの配達先の人だったので、走ってご家族に知らせに行ったそうです。救助のためにおこった時間のロスを補《おぎな》うため、配達を手伝いました。

6月30日　高丘店Iさんの報告

朝刊の配達中、ひざから血を流して倒れている人を見つけました。たずねると、「大丈夫です」という返事。そのまま配達を続けましたが、心配になって、マネージャーと一緒に戻りました。

すると、2時間以上もたっていたのに、その人はうずくまっていました。自宅までふたりでお送りしました。

9月27日　萩丘店ITさんの報告

夕方、信号のところで小学生の女の子が転んで起きあがれないままでいました。そのままでは危ないので、手を引いて行こうとしましたが、身動きできない様子。不審者あつかいされるかも……と思いつつも、抱きかかえて救助しました。

9月30日　太平台店YNさんの報告

台風が近づくなか、犬の散歩に出かけたところ、土手に自転車が倒れていました。近くにはカバンが落ちていて、スリッパが並べてあるのが目に留まりました。「自殺者？」と恐る恐る近づいてみると、お年よりが両手で草にしがみついています。「何時間もこの状態だ。助けてほしい」と言われたので、宅配便のお兄さんと男性のお客さんにも手伝ってもらい、救助しました。家の方にも連絡をしました。

10月5日　萩丘店IMさんの報告

夕刊の配達中、駐車場の屋根から降りようとしているおじさんを見て「危ないな」と思いつつ通りすぎました。

でも、心配になり戻って声をかけると、登ったのはいいけれど降りられなくて困っていたとのこと。大事にいたらなくてよかったです。

12月16日　太平台店OUさんの報告

車で走行中、事故現場に遭遇しました。横転している車のチャイルドシートには子どもの姿がありました。ガラスの破片で顔や手から出血している運転席の母親に、声をかけながら救出しました。

いったい、これはどういうことなのでしょうか。新聞の配達が仕事のはずです。それなのに、これじゃぁレスキュー部隊ですよね。でも、これが日常なのです。

そして、これらはほんの一例なのです。分厚い「情報メモ」には、こんな話がいっぱい書きこまれています。

ここで、心の中にひとつのモヤモヤがわきあがりました。

「人って、そんなに事故に遭遇するものなのだろうか？」という疑問です。

だって、私自身も、外を歩いたり車に乗っていたときに、事故や事件に出くわしたという記憶はわずかです。

あまりにも、彼らがトラブルに遭遇する確率が高いのではないか。


ここでピーン！　ときたことがあります。

私は白い杖をつく目の不自由な人を見かけると、とにかく駆け寄って「お手伝いしましょうか」とたずねるようにしています。

20年くらい前、大病をして生死をさまよったことがありました。なんとか退院して、勤めに戻ることができましたが、それを機に、「困っている人」に目が向くようになりました。

たとえば、街を歩いていて白い杖の人（目の不自由な人）を見かけると、

「お手伝いしましょうか？」

と声がけするようになったのです。

それは、時がたつにつれて習慣化し、「白い杖をついている人がいないか」と注意しな

がら歩くまでになったのでした。

すると、あら不思議……。ちょっと街中を歩くと、あちらにもこちらにも、白い杖の人が目について仕方がなくなったのです。

別に、目の不自由な人が急に多くなったわけではありません。それまで、その存在に、私が気づかなかっただけ。すぐ近くにいても、目に入らなかったのです。

つまり……「白い杖の人はいないかな」と探すようになったから、目に留まるようになったのでした。


アウンズ・ヤナギハラのみなさんも、きっと同じにちがいないと思うのです。

「どこかに、困っている人はいないか」

「なにか手助けができないか」

「社会のために役に立てないか」

そう思いながら新聞を配っている。すると、事故の現場に遭遇するのですね。

私たちは、ひょっとすると、誰もが同じ場面に遭遇しているのかもしれません。

でも、忙しいから何となくやりすごしてしまう。ただ、それだけのちがい。

「新聞を配る」とともに、「心を配る」新聞販売店がここにあります。

そうじは会社を変える!?

あるとき、『なぜ、「そうじ」をすると人生が変わるのか？』という本を書いたことがあります。とあるサラリーマンが、たったひとつの空き缶を拾ったことから、人生が好転していく……そんなお話でした。

多くの方が読んでくれた一方で、

「そんなのは絵空事だろう！」と思う方も多かった。

とうとう、あるテレビ局のディレクターさんから取材を受け、こんな質問をされました。

「そうじをすると会社がもうかるようなことが書かれていますが、うまくいきすぎじゃないですか？」

と。いかにもテレビマンらしい突っ込みですね。

「いえいえ、実際にそうじで会社が変わった事例が、いくつもあるんですよ」

と、お話しました。そう言っても、なかなか信じてもらえませんでした。

誰でも、そうじをすることは大切だと「倫理的」には理解できるでしょう。

しかし、それが「論理的」に「経営」「お金」に結びつくとは考えにくいものです。ただの「精神論」だと思われてしまうのです。

ここに、その答えとなる会社があります。「そうじ」で、会社が、社員が変わったというお話です。

岐阜県の恵那《えな》市に、田中義人さんが社長を務める「ナカヤマ・グループ」があります。

そのうちのひとつ、プリント配線基板を製造する東海神栄電子工業㈱のお話です。

この会社は、田中さんが22歳のときに、たった7名の社員で立ちあげた会社です。

田中さんと社員たちは必死に働き、ついには、目標にしていた利益1億円を突破するような、一人前の企業となったのでした。

会社では、もうかった利益を社員に分配し、特別賞与を支給していました。

最初は、みんなにこの取り組みを喜んでもらえました。

ですが……徐々に、みんなが「特別賞与はもらって当たり前」と考えるようになり、「もっとくれ」と要求する若手社員がボイコットする事件がおこりました。

業績はよくなったけれど、社員の心がすさんでしまったのです。

そんななか、バブル景気が弾けました。売上は半減し、会社はピンチに追いこまれます。

そんなときでした。田中社長は「そうじの神様」とも呼ばれているイエローハットの創業者・鍵山秀三郎相談役に出逢います。

「私は、30年間、毎日トイレそうじをしています。そのおかげで人生も会社も変わってきました。**私は、そうじを通して、世の中から心のすさみをなくしていきたい**」

その言葉が、苦悩の日々をおくる田中社長の心に、稲妻のように突き刺さりました。

そして、毎朝のそうじと、月に1~2度、土日の休みを使って、徹底的にそうじをすることで職場の環境を整備することにしました。

「そうじなんかしたくない」と辞めてしまう社員もいましたが、残った社員で徹底したそうじを行い続けました。


そうじの効果は、思わぬかたちで多方面に現れました。

現場のそうじをしていると、廃棄するものが山ほど出てきました。

大半を捨てることで、整理整とんができ、現場がスッキリとした雰囲気になりました。

次に、空いたスペースに、みんなの休憩《きゅうけい》場をつくりました。

すると、みんなの心にゆとりができ、社内が明るい雰囲気に変わりました。

当初、現場はガスが充満し、床は汚れていて長ぐつをはかないと仕事ができない状況だったのが、ピカピカで落ち着いた職場に変わったのです。

すると、社員は「ここは自分たちの職場、自分たちの仕事だ」と思ってくれるようになり、社員同士の人間関係も強い絆《きずな》が生まれました。

そして、その結果、より精密で、ほかにない製品もできるようになり、黒字化を果たしたのです。

ナカヤマ・グループには、電子部品の製造販売を行う㈱中山理研という会社があります。

当時、毎月200万円の赤字を出していました。

会社では、ステンレス板を薬品処理して穴を開ける作業をしており、職場にはガスがたまっていました。そのため、マスクをはめて、作業服の上からゴムエプロンをし、長ぐつをはいて仕事をします。いわゆる「3K」と呼ばれる職場です。

不良品が多発し、何度もつくり直しをして、深夜までの残業も当たり前でした。

社員に、

「仕事の前にそうじしよう」

とお願いしましたが、

「遅くまで働いたうえに、早く来るなんて……」

と拒否されました。仕方がないので、

「就業時間の8時から9時まで、そうじをしよう」

と提案します。それでも、

「結局、帰りが遅くなるだけだ」

と反発されました。それでも、

「だまされたと思って、そうじをしよう」

と頼みこみました。

みんな半信半疑で始めたものの、効果はすぐに出ました。

仕事の終了時間が、9時、8時、7時……と、だんだん早くなり、ついには定時の5時に完了するまでになったのです。


なぜ、そうじをすると会社の利益が増えるのでしょうか？

そうじをすることで、設備が一番よい状態に整備されるようになり、機械のトラブルが少なくなったのです。作業の停止がなくなり、不良品も激減。

その結果、なんと200万円の黒字に転じたのです。

今では、ゴムエプロンも長ぐつも不要になり、6年償却《しょうきゃく》の機械は、21年も稼働《かどう》し続けています。つまり、設備や経費の節減にも役立ったわけです。

ナカヤマ・グループにはもう一社、業務用食品卸売販売と、野菜・花の包装資材製造販売をする、㈱ナカヤマという会社があります。

田中さんはここでも、「そうじ」をしました。

会社では、配送車の運転席に、乱雑に商品見本が置いてありました。

そこで、まずは、田中社長自らが社員と一緒に洗車をしました。

すると、運転席はきれいになり、荷物も丁寧に積まれるようになりました。

また、不思議なことに、交通事故も激減しました。

次は倉庫です。そうじをして整理整とんすると、デッドストックがなくなり、廃棄処分する食品がほとんどなくなりました。これまた利益に結びつきました。

別に、新製品を開発したわけでも、新規の営業に力を入れたり、広告宣伝したわけでもありません。ただ、そうじをしただけ。

そうじには、会社をよみがえらせて元気にする力があるのです。

トイレをきれいにしてみたら

田中さんは、会社だけでなく、家の前にある神社のそうじを始めました。

最初は、鍵山秀三郎相談役の教えにしたがい、神社のトイレをそうじするつもりでした。

ところが、境内《けいだい》があまりにも汚れていることに目が留まりました。

神社の入口にある駄菓子屋で、子どもたちがお菓子を買って境内で食べ、その菓子袋をその場に捨てていたのです。

駄菓子屋のおじさんが、ゴミを集めては境内に置かれたドラム缶でそれらを燃やします。

ドラム缶には燃えカスがいっぱいたまり、あふれ出して境内を汚していました。


田中さんは、ホームセンターで熊手を買い、そうじをするうちに、境内はきれいになり、誰もゴミを捨てなくなりました。

やがて、ドラム缶もなくなり、子どもたちはゴミを家庭に持ち帰るようになりました。

さて、次はいよいよトイレです。

U字溝を上向きにしたくみ取り式の小便器と、割れてしまっている大便器がありました。壁には蜘蛛の巣が張り、あちこちに虫がわいています。

田中さんは覚悟を決めて、毎日、毎日そうじをしました。

日に日に美しくなり、誰も汚くて使う気のしなかったトイレが、みちがえました。

すると、思わぬことがおきました。

境内にある壊れたシーソーやブランコ、ジャングルジムのペンキを塗り直したり、修理してくれる地域の人が現れたのです。

それだけではありません。町内の人たちから「トイレを建て替えよう」という声があがり、市に働きかけて水洗トイレが設置されることになりました。

田中さんは、そうじをしながら自分でもびっくりしたそうです。

「たかが、そうじ」です。

それが「場をいかし、場が周囲を変えていく」ことを体感したのでした。

そうじは、単に場を美しくするだけではない。人も場も根底から変えるカがあることを学んだと、田中さんは言います。

その後、神社のそうじは、社員さんたちが交代で行うようになりました。
いまでは、週に一度、「そうじリーダー研修」を行っています。

田中さんは、「なぜ、そうじが会社や人を変えるのか?」と考えました。
その6つの答えを紹介しましょう。

①そうじは、設備がもっている本来の力を、とりもどすことができる。
②そうじは、保守・点検をかねて、設備の寿命をのばすことができる。
③そうじは、環境を整備し、場のエネルギーを高めることができる。
④そうじは、社員の、職場や会社への愛着心を深めることができる。
⑤そうじは、社員のやる気がおき、職場がより活性化し、新しい価値の創造がうまれる。
⑥そうじは、内なる心を外へも広げていくことができる。

これらは、経営者の視点から見たものですが、そこに留まるものではありません。
神社のそうじのエピソードでもわかるように、家庭や学校、地域においても通じるものがあります。

田中さんは、こんなたとえで説明されます。

「そうじを始めたころ、倉庫の片隅に汚れたそうじ機が目につきました。このそうじ機を手に取ってスイッチを入れてみると、音は大きいけれどまったく吸いあげる力がないのです。

よく見てみると、フィルターが詰まり、ホースには穴が開いていて、ガムテープが巻いてありました。そんなことでは、うまく動かないのは当然です。

これを分解してフィルターをキレイにそうじし、ホースを新しいものに替えました。すると、音も静かになり勢いよく吸い込んでくれるようになったのです。

それだけではありません。このそうじ機を使うのに、イライラしていた社員の心も穏やかになったのです。

そうじは、このように、**小さな変化からスタートし、新しい変化を次々に生み出して、大きな変化へとつながっていく**のです」

そうじは、誰しもの心のなかにあるホースを、キレイにする効果があるにちがいありません。

さらに、神社のそうじを続けるなかで、予期せぬことがおきました。

当時、中学一年生の娘さんが、「少年の主張」で「うちのお父さんのトイレそうじ」という題で発表してくれたのでした。

「私はお父さんを尊敬しています。お父さんは毎朝、人の嫌がるトイレをそうじしています」と。

田中さんは、会社がピンチになったことでそうじを始めました。おかげで、会社は立ち直り優良企業へと変わりました。

しかし、それだけではありません。地域の人たちの心をも動かしたのです。

ニューヨークの地下鉄の落書きの話を思い浮かべる人も多いことでしょう。犯罪の巣窟だった地下鉄の落書きを消してキレイにしたことで、犯罪が激減し安全になったというお話です。

その後、田中さんは、鍵山相談役のあとを継いで、「日本を美しくする会」の会長を務め、そうじの大切さを伝えるため全国行脚《あんぎゃ》しておられます。

ベストセラーを生みだす〝小さな〟お店

カリスマ書店員と呼ばれる人がいます。「オススメです」と店頭のポップに書いたり、SNSで発信したりすると、その本がベストセラーになってしまう人のことです。

私は、書店には自分の本のPRにも出かけることが多いのですが、一度もお目にかかったことはありませんでした。

さて、私が一冊の小説を出させていただくことになったときのことです。

編集長が、何人かのカリスマ書店員に、試し刷り原稿を読んでいただけるように頼んでくれました。

なにしろカリスマです。その店員さんたちは、何社もの出版社から原稿を送りつけられて困っていることでしょう。「もし、自分だったら」と心配してしまいます。

ところが……兵庫県尼崎市の小さな書店さんから、返事の手紙が届きました。

そこには、

「感動しました。物語に共感。お客様にすすめます」

という意図の言葉が書かれてありました。それも、何枚もの便箋《びんせん》にびっしりと。

びっくりしました。こんなことは初めての経験です。

うれしくて、うれしくて、すぐに、ごあいさつに飛んでいきました。


お店の名前は「小林書店」。

JR東海道本線の立花駅を降り、商店街の先に、青いテントのひさしが目に留まりました。

「小さな書店」とは聞いていましたが、それは誤りでした。

「とても小さな小さな書店」でした。間口《まぐち》は2間《けん》ほどしかありません。

私は、一歩店内に足を踏み入れたとたん、失礼ながらこう漏らしてしまい、あわてて口をふさぎました。

「え!?……小さい」

そのうえ、です。

店内にはなぜか、ズラリと傘が並んでいます。

もう、いったいぜんたい、どうなっているのかわかりません。

店主の小林由美子さんにお礼を申しあげにうかがったのにも関わらず、またまた失礼なことをたずねてしまいました。

「本が、少なすぎませんか……」

もちろん、まったく置いていないわけではありません。

でも、少なすぎる。ざっとでも、すぐに数えられるほどしかない。

だって、自分の家の書斎の方が多いんだもの。

「そうでしょ！」

と、由美子さんは笑って答えます。


小林書店は、66年前、両親が始めたものでした。

細々と続けていて、経営が苦しいことは、子どもだった由美子さんも知っていました。

そのうえ、休みもないので家族旅行にさえ連れて行ってもらった記憶がないそうです。

由美子さんは高校卒業後、大手のガラスメーカーに就職します。

そこで夫となる男性と出逢い、結婚。サラリーマンの妻となったことが、そのときは大変な喜びだったそうです。

ところが、ご主人に、関東へ転勤の辞令が出ました。

じつは、ご主人は由美子さんの両親に、

「店は継がなくてもいいので、小林の名前だけ継いでほしい」

と頼まれて、「小林家」の養子になっていました。

ここでご主人は意外なことを言いだします。

「本屋さんをふたりで継ごう」

由美子さんは、それだけはしたくないと思っていました。

でも、家族がバラバラに離れて住むことは幸せとはいえなかった、と語ります。由美子さんが、両親の書店を継ぐ決意をした瞬間でした。

由美子さんが30歳、今から38年前のことでした。


どれほど、商店街の小さな書店の経営が難しいでしょうか。

それには、まず、書店業界の現状を知っていただく必要があります。

全国には現在、1万2千軒の書店があるといわれています。そして、本は年に7万点出版されます。

1冊の本の初刷発行部数は、少ないもので2~3千冊。多くても6千冊ほど。その大多数が、売れずに返品され、断裁・焼却される運命にあります。

ここで、ちょっと考えると、「おや？」と思われるはずです。

たとえば、私の本が発売されたとします。

仮に、5千冊刷られたとすると、全国の書店に並べたくても並びません。だって、書店の数は1万2千軒です。

そのうえ、大型店舗をもつ書店チェーンでは、「売れる本」はたくさん並びます。

ということは……町の小さな書店には、新刊が1冊も並ばないということになります。

もうひとつ、小さな書店がピンチなのには理由があります。

出版社で発行された本は、取次店（本の問屋さん）を通して、全国の書店に届けられます。

取次店としては、「売れる店」にたくさん本を配布したい。商売ですから当然のことです。

となると……町の小さな書店には、新刊が届けられないことになります。

つまり、小さな書店は、「売りたい本」が手に入らずに、「売りたい」けれど売れない、というわけです。それは、世間では売れている村上春樹も東野圭吾の本もです。

店じまいするしかなく、毎年、毎年、書店は減り続けているのです。

1979年、少年ジャンプで連載の始まった『キン肉マン』は、またたく間に子どもたちの人気をはくしました。コミックも大ベストセラーになりました。

ところが、小林書店には、その新刊が取次店から入ってこないのです。

店頭に置けば「売れる」はずなのに、「売れない」。なんとつらいことでしょう。

ジリ貧の日々が続いた、ある日のこと。

由美子さんは大手出版社の開催した、書店向けの説明会に参加しました。

そこで紹介されていたのは、1冊1200円（当時にしては高価）で、全12巻セットという料理の全集です。由美子さんはその話に耳をかたむけました。

出版社が命がけでつくっているものをお客様に伝えるのが、書店員の仕事です。

由美子さんは、気がつくとお得意様の顔が何人か浮かんでいました。

帰り道、そのお得意様を何軒か訪ねると、4セットも注文をいただくことができました。

「これだ！」

由美子さんは確信し、お得意様に通いつめました。

そして、第1巻の発売日、予約した40冊の本が店頭にうず高く積まれたのでした。

以後、小林書店は、子ども向けの全集や主婦向けの料理本などの、数巻がセットになった商品の予約獲得に力を入れ、多いものでは200セットも売りました。

これは、大手の書店でも太刀《たち》打ちできない数字です。

「売れる」となると立場も変わります。小林書店が全国トップになると、大手出版社から謝恩会に毎年、招かれるまでになりました。

今や、業界では有名な「小さな店」として知られるまでになったのです。

由美子さんは、言います。

「毎日、毎日、雑誌の発売日に喫茶店や個人のお宅に配達に出かけます。夫は車と自転車で、自分は自転車で。朝7時半に出発します。

どんなに天候が悪くても、その新刊を楽しみにしてくださっているお客様のことを思うと、サボるわけにはいきません。

そうなのです。本を買ってくださるのは、そのお客様たちなのです。

そして、その400軒のお客様は、両親から引き継いだものです。

両親が得てきた『信用』のおかげで、今日も暮らすことができているのです」

傘を売る本屋さん

そんな小さな本屋さんですが、ときどきブラリとお客様が入ってこられます。

長年の経験から、由美子さんはお客さんの「気」を感じ取るといいます。

たとえばある日のこと、ひとりの若い女性が店に訪れ、棚に目を向けていました。

（〝なにか悲しげな雰囲気〟がただよっている）

そう感じた由美子さんは、彼女に1冊の本をすすめました。

松浦弥太郎著『泣きたくなったあなたへ』（ＰＨＰ研究所）でした。

由美子さんも読んだことがあり、その女性を元気づけられると思ったからです。

そんな具合に、私の小説も、お客様にすすめてくださっているというのです。

店頭での宣伝はもちろんのこと、４００軒の配達で「この本泣けますよ」と、ひとりひとりの顔を見て、目を見て。

そういう商いをしておられるのです。

いつの時代になっても、「商い」の基本は「信用」です。

由美子さんを「信用」しているから、「いい」と言われたら黙って買ってしまう。

これこそが「商い」の原点だと思いました。


由美子さんはなげきます。

「この前、大手の書店員さんたちとの勉強会がありました。そのとき、ある店員さんからうかがった話にがく然としました。

その女性は上司から、『お客様と話をするな』と言われているのです。

『今日は、お客様につかまって仕事がはかどらなかった』という会話が、同僚たちのあいだで日常的に交わされるというのです。

彼女も、本当は、お客様と話がしたいはずです。

でも、毎日の仕事に追われて、お客様と話す時間がないというのです。

何かがおかしくなっているんです」

それは、ひょっとすると接客業全般にもいえる風潮なのではないかと思いました。

たとえいそがしくても、少しの時間をつくって、お客様とのコミュニケーションをはかる。それが「信用」につながるのではないでしょうか。

ところで、小林書店では「傘」も売っています。

阪神・淡路大震災で、由美子さんの住む町もお店も、被害を受けました。

そこから立ちあがろうと模索するなかで、たまたま雑誌で高品質の傘をつくる会社の社長インタビュー記事に目が留まりました。

すぐに電話して「売らせて欲しい」と頼みます。

でも、当然のことながらいぶかしがられてしまいました。

「それでも！」と言って卸してもらった結果、なんと1週間に250本を売り、取引を納得してもらえました。

そうなのです。ここでも「信用」。

由美子さんは言います。

「本を通じて、人とどうつながれるかをいつも考えて仕事をしています。人は本で、いろいろな世界を知り、多くの意見や思いを聴くことができます」

お客様は本を通してつちかった小林書店の「信用」を買ってくださったのです。

たぶん、お店に、ベンツが置いてあったら（狭くて置けないけど）バンバン売れるでしょうね。

私は、由美子さんの話をうかがい、すっかりファンになってしまいました。

とにかく「熱い」！

いや「篤《あつ》い」という文字の方が適切かもしれません。本への思いが篤いのです。


帰り際、こう口にしていました。

「僕にオススメの本はありますか？　全部いただいていきます」

由美子さんから差し出された、そのうちの一冊に、『勇者たちへの伝言　いつの日か来た道』（角川春樹事務所・ハルキ文庫）という本がありました。

由美子さんは、この本との縁を語ってくれました。

「ある日、ふらりと、ひとりの男性がお店に入ってきました。彼は、『この本の作者ですが、ほかの書店さんに売っていただけるように頼みにうかがったら、小林書店さんに行ってみたらいいよとすすめられました』と言うのです」

それが、作家・増山実さんとの出逢いでした。

『勇者たちへの伝言』は、増山さんの処女作であり、2012年にある有名な文学賞の候補になった作品でした。

受賞は逃したため、出版にはいたらず、増山さんはがっかりします。

ところが、賞を主催する会社の編集者が「いかにも惜しい」と、別の出版社を紹介してくれ、作家デビューが決まったという経緯があったそうです。

一年間に7万点も本が世に出ます。「いい本」だからといって売れるわけではありません。店頭に並ぶことさえ、神業に近いのです。

それでも、由美子さんは、書店まわりをする新人作家の熱意にほだされ、本を預かり、読むことを約束しました。

読んでみると……、由美子さんは、とにかく心打たれ、この本を売りたい、多くの人に読んでもらいたいと思ったそうです。すぐに仕入れて売ろうとしました。

ところが、です。

たまたま、この本の出版社は、今までほとんど取引がありませんでした。

出版社へ電話をかけて、「注文をしたい」と申し出ましたが、電話に出た担当者は、気のない返事をします。小林書店の実力を知らないのでしょう。

それでも、しつこく頼み込んで、送ってもらいました。

届いたぶんを売り切り、さらに注文。

そこでようやく、「売りたい」という由美子さんの気持ちを、出版社に理解してもらえたのです。

そのうちに、小林書店の取り組みが、社長の角川春樹さんに伝わりました。

ついに、わざわざ社長が自ら「いったい小林書店とはどんな店なのか」と訪ねてこられることになったのでした。

ぜひ、今、へこんでいる人や、仕事がうまくいかない人、人生に悩んでいる人は、小林書店にお出かけください。

きっと、あなたに合うピッタリの本をすすめていただけるはずです。

いや、それだけではありません。

「こんな小さな小さな本屋さんが、こんなに頑張っているんだ。自分もなげいているひまなんてない、頑張ろう！」と思うはずです。

思い出の「納豆豪華ごはん」

なにげなく見た情報番組に、見慣れた顔が映っていました。

そうじ・片づけ・家事代行業の㈱アクションパワーの大津たまみさんです。

いつもの満面の笑顔で、「そうじ」の超すご技を解説していました。

そのときは、「また出てる。活躍してるなあ」というくらいにしか思いませんでした。

ところが……です。

後日、彼女とゆっくり話す機会があり、その壮絶な人生に驚いてしまいました。

初めて彼女と出会ったのは、10年ほど前のことです。ちょうどその頃、「貧困」におちいっていたなんて……。いつも元気な笑顔なので、まったく知らなかったのです。

大津さんは、自身が36歳、息子さんが9歳のときに離婚しました。

でも、彼女は楽観的だったといいます。それまで、どんなことをしても結果を出して、仕事上でも成績をあげてきていたからでした。

しかし、すぐに「壁」にぶち当たります。

就職の面接に行くと、必ずといっていいほど、こんなことをたずねられました。

「あなたには、小さい子どもがいるんですね」

「子どもになにかあったとき、預ける所はありますか？」

そのとき初めて、小さな子どもをひとりで育てているということ自体が、仕事をするうえで大きなハンディキャップになっていることに気づかされたといいます。

正規雇用どころか、アルバイトの面接でも、シングルマザーだというだけで通りません。

大津さんは、

「私は世の中に必要じゃないのかな」

と落ちこみました。

ようやくありつけた時給８００円のアルバイトも、子育てとの両立のために働く時間が制約されて、手取りは５～６万円しかありません。

そのうえ、交通費が一部しか支給されなかったので、自宅から徒歩で1時間くらいかけて通ったそうです。

期待していた母子家庭の自立支援給付金を役所に申請に行くと、給付金がもらえないことがわかり、がく然とします。

なぜかというと、給付金は、前年の所得に応じて支給されるからです。

離婚した夫の会社で、役員をしていたからでした。

それだけではありません。税金、年金、健康保険の請求……。

大津さんは、シングルになったとたん、崖《がけ》から突き落とされるがごとく、一気に「貧困」におちいりました。

お金がないので、スーパーで廃棄処分ぎりぎりの食品を買います。

そんななか、30円に値下げされている納豆は大ご馳走でした。

息子さんと、1パックの納豆を半分に分けあって食べます。ふたりで、「納豆豪華ごはん」と名づけていたそうです。

「白いごはんに、納豆は美味しいですよね」

と言うと、

「いいえ、お米なんて買えませんでした。ただの納豆だけです」

と言われ、あ然。

「でも、29円のモヤシが10円に値下げされていることがあるのです。モヤシいためのうえに納豆をのせて食べられる日もありました」

と言います。さらに、

「そのとき、息子と話しあったんですよ。将来、絶対に納豆を嫌いにならないようにしようね、と。21歳になった息子と、今もよく納豆を食べます」

そう笑って言います。なんて前向きな！

このように、ふたりは毎日の食事にも困ってしまうような生活でした。

そんななか、学校へ行く息子さんに、大津さんは声をかけました。

「給食は大事だから、いっぱい食べてきてね！」

当時のことを、大津さんはこう語ります。

「ありがたいことに、息子の通っていた中学校には給食がありました。給食のおかげで、息子は大きくなれました。国のおかげです」

では、大津さんはというと……昼は水を飲んでお腹を満たしていたそうです。

ある日、息子さんに言われました。

「お母さん、笑って」

ショックでした。息子さんには、よほどつらそうに見えたのでしょう。

そこで、一生懸命に笑おうとしました。でも、「笑えない」のです。

（このままじゃダメだ、このままじゃ、ダメ……）

大津さんは決意します。

「今のままでは、愛する息子になにもしてやれない。高校にも行かせてやれない。10年後のことを考えよう。息子とともに幸せになる未来を描きたい」

そして、「そうじ」や「片づけ」などを行う家事代行業を起業します。

そのとき、まだ幼い息子さんに大津さんはこう頼みました。

「お母さんに2年間だけ仕事をさせて。2年やってダメだったらお母さんに能力がなかったということ。2年間だけ我慢してくれる？」

9歳の息子さんは、「よくわかんないけどわかった」と笑顔で言ってくれたそうです。その言葉が、どれほどの勇気になったことか。

しかし、そこには、新たな苦難の道が待ち受けていました。

事務所を借りるために不動産屋さんをたずね、またまたがく然とします。どこも貸してくれないのです。まず、「保証人をつけてください」と言われます。両親は保証人になれる状況ではありませんでした。

ある不動産屋さんの担当者にこう言われました。

「シングルマザーはヤクザと同じだ」

たぶん、家賃の未払いの人が多くて敬遠されていたのでしょう。

なかには、こんなひどいことをいう人も。

「オレの女になるんだったらいいよ」

大津さんは絶望のふちで途方にくれました。しかし、救う神が現れたのです。

ある不動産屋さんをたずねたとき、窓口の女性と話をしていると、彼女もシングルマザーだというのです。

彼女が、上司に進言してくれました。

「この人は信用できます。貸してあげてください」

そして、住宅地のまん中にあるアパートを、事務所として借りることができました。

さあ！　事業がスタートできます。

いよいよ快進撃！

でも、まだまだ苦難が続きます。そのお話は、次のページへ。

貧乏母さん、快進撃！

友人に「これから、こんな仕事を始めるのよ」とプレゼンをして、もしもそうじや片づけに困っている人がいたら紹介して！　と頼みまくりました。

すると、少しずつ、ハウスクリーニングや家事代行の仕事が人づてに増えていきました。スタッフも雇いましたが、もちろん、自分自身が一番、猛烈に働きました。朝から晩まで、身を粉《こ》にして。

しかし、夜遅くになっても帰らない母親に、息子さんはひとりアパートでさみしい思いをしていました。うれしいことも、悲しいことも、つらいことも、たったひとりですごして、解決していきました。

大津さんは、息子が片親になった事で嫌な思いをしないようにと、担任の先生に、

「離婚したことを、わからないようにしてください」

とお願いしました。

しかし、あるときの保護者会で、担任の先生にこんなことを言われてしまったのです。

息子が友だちとやんちゃなことをした際に、

「片親だから、保護者の目が届かないからそのような行動に出るのよ」

みんなの前でです。もう涙を通り越し、ショックで押しつぶされそうでした。


がむしゃらに働きました。働いても働いても「貧困」から抜け出せません。

起業して半年がたったある日のことです。大津さんの体に異変が生じます。突然、体の震えが止まらなくなってしまったのです。

過労と栄養失調が原因でした。

大津さんは心配をかけないようにと、まわりの人には黙っていました。

そんななか、母親が、大津さんの体調の異変に気づきました。

大津さんは精一杯の強がりで、心と体の限界を隠そうとしました。

母親に、「大丈夫？」とたずねられても、「大丈夫よ」と答えました。

ところが、母親は、すぐに事情を察しました。そして、こう言ったそうです。

「〝できる子〟に生んだんだから、あなたならできる」

スッと茶封筒を差しだしました。その中には200万円の現金が入っていました。

大津さんが、初めて母親に心のうちを話し、甘えることができた瞬間でした。

そのお金で、都心の名古屋駅に事務所を移転します。

すると、あら不思議。次々に大手企業から仕事が舞いこみました。名古屋駅前の一等地という立地が、想像を超える「信用」を生んだのです。

なかには、トヨタ自動車の販売店で講師の仕事をさせていただくこともありました。

先方は、大津さんの講義に大満足！　そのうわさを聞いて他の会社も依頼をしてくださるようになったのです。

そこから、大津さんの快進撃が始まりました。その後は、急成長をとげ東京進出も果たし、関連会社は4社となり、スタッフも百数十名に増えました。

そうじや片づけについての多数の書籍を出版し、ひんぱんにテレビにも出演しています。

あの苦しい「貧困」から抜け出したのです。

本人の頑張りもさることながら、母親の「愛」のおかげでした。

母は偉大です。母の力は絶大です。

2013年5月、大阪府北区で母子の変死事件がおきました。食べるものがなくて、餓死したのです。

シングルマザーの世帯の59％が「貧困状態」にあるといいます。

その世帯数は、全国に１２８万世帯あります。そのうち85％が就労収入３００万円未満であり、平均年間就労収入は１８１万円です。

この収入では、アパートの家賃を支払ったら、いくらも手もとに残りません。これは、平成22年度の統計であり、現在は悪化の一途をたどっていると思われます。

大津さんは言います。

「制服が買えない。ランドセルや文具が買えない。遠足に行くのに、ひとりだけおやつを持たせてやれない。そんな家庭がたくさんあるのです」

２０１６年、大津さんは、㈱リンクリンクを立ちあげました。

貧困に苦しむシングルマザーたちを支援する会社です。

まず、シングルマザーの家庭のためのシェアハウスを一棟つくりました。敷金・礼金ゼロのシェアハウスです。

また、母子家庭を支援する行政と連携して、「シングルマザーを支援したい」というボランティアと、シングルマザーたちをつなげる活動も行っています。

たとえば、勉強机やカバンなどの物品や、経済の援助をしたいと思う人たちと、それを必要とするシングルマザーたちを、「リンク」させるのです。

さらに、頑張るシングルマザーの自立を助けるために、彼女たちのスキルアップ教育を行い、能力ある人材を企業に紹介する仕組みをつくりました。

大津さんは、自分自身が「貧困」と戦ってきました。

だから、「貧困」の人たちの気持ちがわかるのです。

大津さんは言います。

「**小さな子どもが、私の息子のようにひとりぼっちですごすことがないような社会にしたい。**これは、シングルマザーの子どもたちの支援なのです」

自分がつらかったから、同じ境遇の人たちを応援したい。

そんな大津たまみさんの「生き方」に、心打たれました。

第三章

ほっこりと心が温まる話

お父さんは、私の目標やねん

以前、関西電力さんで、講演させていただく機会を得ました。ＣＳＲ（企業の社会的責任）に関わる研修で、その一コマを依頼されたのでした。

でも、ただお話するのでは一方通行になってしまいます。そこで、参加者のみなさんに、事前に作文の宿題を出させていただきました。

「あなたの心に響いた『たった一言』はなんですか？」

というタイトルです。

つらいとき、悲しいとき、人生の壁に当たったとき、家族や友人、職場の仲間からかけられた何気ない「たった一言」で元気が出ることがあります。

癒されたり、はげまされたり。その一言が座右《ざゆう》の銘《めい》になり、人生が変わることさえあります。

他人からの「一言」に耳をかたむけることは、接客の場でも言葉づかいの勉強になります。上司、同僚、お客様、家族との関係を見直すきっかけにもなります。

なによりも、「たった一言」でも、「大きな一言」であることを改めて認識し、人に対する「思いやりの心」を育むきっかけになります。

ひいては、まわりの人たちへの感謝の気持ちも生まれます。

それが、CSR活動を続けるために役立つと考えたからでした。


そのなかからひとつ、特に心に深く沁《し》みたお話を紹介させていただきます。

お父さんが目標やねん

ペンネーム…福知庵さん

2年前のある日、家族で食事に行った帰りのことです。

夕食をすませ、自宅まで歩いて帰る途中、信号のある交差点にさしかかりました。

交差点の歩行者信号は「赤」でしたので、信号が変わるのを待っていたのですが、道幅も狭く、車もまったく通らなかったので、渡ろうと思えば、簡単に渡れます。

私の家族も、信号が「青」に変わるのを待ってから渡ったのですが、そのとき、私の横にいた高校2年の長女が、こう言いました。

「やっぱりお父さんは信号が変わるまで渡らへんかったなぁ。私の思ったとおり」

「どういうこと？」

「お父さんは、人が見てても見てなくてもルールは守ると思ったから。この前も偶然見かけたとき、今と同じように待ってた。多分、信号に限らず、何事もルールは守ってるんやと思う。そんなお父さんは、私の目標やねん」

単身赴任《ふにん》で、週末に帰っても、娘との会話は小言がほとんどで、そんなことを考えていたとはまったく思いませんでしたので、本当に驚きました。

確かに、管理職として所員の模範となる行動をしなければと意識はしていましたが、思わぬところで、しかも娘に認めてもらったこの「一言」が、恥ずかしくも大変うれしかったし、がぜんやる気が出たのを覚えています。

「親の背中を見て子は育つ」といいますが、この出来事から、常に意識して行動するようにしています。また、率先垂範《そっせんすいはん》の意味についても改めて思い知らされました。

現在も、娘との関係は良好です。ただ、目標にはしてもらったようですが、理想の男性とまでは、いかないようです……。頑張らねば。

この作文を拝読し、強く思うことがありました。

なぜなら私自身が、ちょうどそのとき、「赤信号では渡らない」という訓練をしている真っ最中だからでした。

「赤信号では渡らない」

これだけ聞くと、一見当たり前のことのように思えます。

これが、なかなかできません。

この当たり前のことが、じつは当たり前ではない世の中なのです。

町中でも車がほとんど通らない場所や、真夜中の交差点では、多くの人が赤信号でも渡って行きます。

大勢の人たちが渡るなか、ひとりポツンと青信号になるのを待っていることもあります。

まわりの人は「なんだコイツ」という顔をして通りすぎていきます。

なぜ、そんなことをするのか。**例外をひとつでも認めてしまうと、それがいつの間にか、普通になってしまうと気づいたからです。**

世の中にはさまざまな考え方があります。

信号は、人と車が安全に通ることができるためにつくられたもの。

深夜の交差点で、車の来ない場所なら、信号には関係なく渡ってもかまわない。

信号を守りすぎるのは、ただのバカ正直にすぎないという人もいるでしょう。

それは、理屈として正しいかもしれません。

しかし、こういう考え方もできます。

安全と判断できるなら渡ってもいいというのなら、その安全かどうかは誰が決めるのか。

「このくらいなら大丈夫」

「こういうケースなら渡ってもオーケー」

と、赤信号で渡っているうちに、基準がどんどんゆるくなってしまう。

「このくらいならいいだろう」という考え方を、ほかの場面にも広げてしまうかもしれない。

その心のネジのゆるみ具合が、仕事のミスや、暮らしのトラブルにつながるのではないか、と思ったのです。

交差点で、信号を待つあいだ、「バカじゃないの」と自分でも思うことがありました。

でもなかには、一緒に並んでじっと信号が青になるのを待っている人たちもいます。

ちょうどそんなときだったのです。この作文を読んだのは……。

「**正直者は、けっしてバカを見ない**」のだとホッと救われた気持ちになりました。

足を切られては困る

アジア保健研修所（ＡＨＩ）という公益財団法人があります。医療の遅れているアジアの地で働く人々を育てるため、各国から研修生を受け入れている団体です。医師・川原啓美さんが、医療の遅れから不幸な人生を歩まざるをえない人たちを目の当たりにしたことが、設立のきっかけでした。

それは、１９７６年の秋、川原さんが48歳のときの話です。ネパールの病院に三か月間、外科医として招かれました。

ネパールといえば、エベレストに代表されるような、高い山々がそびえています。険しい山岳地帯に住む人々は、厳しい気象条件のなかで生活しています。

川原さんが赴任した病院は、いくつもの山と谷を越えて一週間もかけて歩いてきたり、あるいは近所の人たちに担がれてやってくるような患者であふれていました。

私たちが「病院へ行く」というと、風邪をひいたとか、お腹の調子がよくないときにたずねる場合が大半かと思います。

しかし、そこでは、それこそ、生と死の狭間《はざま》にいる人たちが患者なのです。

川原さんは、ここで、人生を変える出来事に遭遇しました。


ある日のこと、足に皮膚《ひふ》がんのできた女性が、夫に連れられてやってきました。患部を見て、川原さんはすぐに、かなり進行した皮膚がんだとわかったそうです。皮膚から血がポタポタとしたたり落ちていました。

「ただちに足を切り落とさなければならない」

と夫婦に告げました。そのままでは命に関わります。選択肢はありませんでした。

ところが、です。彼女は顔色を変えて、こう答えました。

「そんなことされては困ります。足がなくては、水くみなどの家事ができなくなります」

ネパールの山岳地帯では、マラリアなどの恐れから、高い丘の上に住んでいます。

そのため、主婦の一日の最初の仕事は、まだ暗いうちに起きて、住まいの下にある谷川から、二時間くらいかけて水をくんでくることでした。

その仕事ができなくなるというのは、どういうことを意味するのか……。

「もしも私が足を切られて寝たきりになったら、家事ができなくなってしまいます。6歳を頭に4人の子どもたちは、まだ水くみもできません」

彼女は、そう答えました。川原さんは、それでも、

「あなたの命を救うには、どうしても足を切断しなくてはならないのです」

とくりかえし説きました。

しかし、彼女からは思いもよらない答えが返ってきました。

「私の命がなくなるというのは悲しいことです。でも、それはやむをえないことであり、ひとつの解決でもあります。自分が死ねば、夫は次の奥さんを迎えることができます。その奥さんは、私の子どもたちを育ててくれるでしょう。しかし、足を切られたらどうなるでしょうか。一家は全滅《ぜんめつ》するかもしれない。だから、足を切ってもらっては困るのです」

川原さんは最初、通訳がまちがえているのではないかと、何度も聞き返したそうです。**自分の命を引き換えにしても、家族の方が大切**だと言っているのです。

彼女は、別にすぐれた宗教家でもなく、普通の農家の奥さんでした。

川原さんは、それ以上、返す言葉を失いました。

やむをえず、腫瘍だけを切り取り、患部に皮膚の移植もして、見た目はきれいになり家に帰ってもらいました。

おそらくはその後……、あの主婦は亡くなったと思われました。

ネパールでは、たくさんの赤ちゃんが生後1年未満で亡くなります。

大人になるまで育つのは、当時、15回妊娠するうちのひとりか、ふたりでした。

大人になるまで育ち、結婚して子どもを生んだということは、彼女にとっては大変幸運なことであったにちがいありません。

彼女も、自分の多くの兄弟姉妹の犠牲のうえに生きているのです。

だからこそ、いま、「自分の利益だけ」を考えて家族を犠牲にはできないのです。

そんなことが、滞在するうちに徐々にわかってきたといいます。


川原さんは帰国して考えました。

「神は残された人生において、私になにをしろと命じておられるのか」

もう一度ネパールに戻って、千人の患者の手術をすることはできるだろう。

しかし、ほかに方法はないのだろうか。

悩み考え抜いたすえ、

「多くの人たちの健康を守ろう」

と、アジア保健研修所の設立に奔走《ほんそう》しはじめました。

川原さんは最初に、奥さんに話をしました。反対すると思ったら、その場で、

「やりましょう」

と言い、賛成してくれました。でも、それは大変なことだったといいます。

なぜなら、川原さんはそのとき、奥さんの父親がつくった病院の院長をしていました。

その職を辞し、まったく別の研修所と病院をつくることを意味していたからです。

年老いた妻の両親を残して、奥さんも一緒に家を出ることになってしまう。

それでも、川原さんは立ちあがりました。


やがて、多くの人たちの応援により、１９８０年にＡＨＩが設立され、今までにインド、ネパール、バングラデシュなどから、６千人以上の人が研修に参加しました。

研修に参加する人は、医師や看護師といった医療関係者もいますが、多くは地域の福祉に携わる人たちです。貧しい人たちに寄り添いながら、彼らが助けあうことによって、自分たちの健康と生活を守っていけるようにサポートしていています。

ひとつかみのお米ができること

アジア保健研修所（ＡＨＩ）には、アジアの国々から「仲間のために」「母国のために」という献身的な思いを抱いた人たちが学びに訪れます。

研修を受けた人たちは、それぞれの地域で困難な状況にある人たちをサポートします。

そのなかのひとり、バングラデシュのモサマド・サビナさんのお話です。

サビナさんは、15歳で結婚しました。

早婚は、日本でも少し前までは珍しいことではありませんでした。童謡の「あかとんぼ」（作詞・三木露風）でも、「十五で姐《ねえ》やは　嫁に行き」と歌われているように。

結婚するとき、バングラデシュでは、花嫁の父親が、娘の夫となる人に持参金を用意する習慣があります。

日本では反対に、男性から女性の家に結納金を贈ります。これは、嫁ぐための衣装や家財道具を用意するための、支度金の意味あいが大きいようです。

じつは、花嫁の父親が用意するこの持参金が悲劇を生むもとになっているといいます。

持参金があまりにも高額なため、借金をしなければならない父親がいるのです。

なぜ、そこまでするのか……。

持参金が少ないと、その不満から、嫁への虐待がおきることもあるからです。

でも、「娘の年齢が若いと、持参金が少なくていい」といわれているので、まだ幼いうちに結婚させてしまうわけです。


バングラデシュでは、女性は家庭を守り家事をこなすのがなにより大事だと考えられてきました。教育を受けることは、軽んじられているのです。

家庭では、お嫁さんは一切お金に触らせてもらえません。

その代わり、食料や日用品の買い物も、すべて夫がします。

それだけではありません。自分の子どもが病気になっても、夫の了解がなければ医者に連れて行くことさえできないのです。

全部、夫のなすがまま。自分で考え、行動することが許されていないのです。

だから娘も、「結婚しろ」と言われると自分の意思で断れないのです。

それがたとえ、どんな相手であっても……。

サビナさんの場合も、例外ではありませんでした。

結婚後、ふたりの子を授かりました。しかし、生活が苦しかったので、針仕事やヤシの葉でゴザをつくったりして、朝から晩まで働きました。

にも関わらず、夫は愛人をつくってしまいました。日本でなら、離婚の理由になり、慰謝料を請求できるでしょう。

ところが、それに文句を言えるどころか、反対に、サビナさんは離婚させられました。バングラデシュでは、離婚するとまわりから差別を受けます。なんと、実家からも冷たくされるというのです。

行き場のないサビナさんは、毎日泣いて暮らしました。

そのとき、です。

「ひとつかみのお米」があることを思い出しました。

食事をつくるとき、ほんの「ひとつかみ」のお米を、別のツボに入れて貯えておきます。それは、なにも持たない女性たちが生み出した生活の知恵で、祖母から母へ、母から娘へ伝えられてきたことでした。

サビナさんは、そのお米を売って、当面の生活費をまかなうことができました。

あるとき、サビナさんの暮らす村で、貧しい女性を対象にした「女性グループ」づくりが、ＡＨＩの元研修生の働きかけで始まりました。

メンバーが毎週集まり、牛やヤギの飼い方、野菜の育て方、女性の権利などを学びます。同時に「ひとつかみのお米」を一週間ぶん持ち寄り、それを市場で現金に換え、グループの貯金とし、そこから順番にお金を借りていきます。

子どもの教育資金やお惣菜屋さんの開業の資金、井戸を掘ったり、トイレをつくるために使ったりもします。

嫁ぎ先が家を建てるときに、土地代を出して自分の名義にし、なにかあった際に夫に「出て行け！」と言われないようにする人もいるそうです。

グループには、みんなで「バラの女たちの会」と名づけ、読み書きのできるサビナさんがリーダーとなりました。

活動のなかで、サビナさんは自信をつけ、自分と同じように苦しい思いをしている女性たちにも、「ひとつかみのお米」と、みんなで助けあうことをすすめています。

さて、私たちは日頃、自分の生活だけで精一杯です。

正直なところ、他人のことにまで気づかう余裕をもつのは大変です。

「困っている人がいる」と寄付を求められても、スッとお金を出すのはむずかしい。

「なんとかしてあげたい」と思っても、ギリギリのところで生活していると、思うようにならないのがお金です。

そこで！「ひとつかみのお米」です。

自分で使うためではなく、誰かのために「わずかな貯金」をするという方法があります。

私の友人は、５００円玉貯金というものを実践しています。

一日の仕事を終えて帰宅すると、まずポケットの小銭入れを開けます。

なかに５００円玉が入っていたら、貯金箱にチャリン！

そうして貯まったお金は、友人・知人から、

「こんなボランティア活動をしているんだけど助けてほしい」

と言われたとき、放出します。

急に言われても少ししか募金できませんが、これならたくさん寄付できます。

もちろん、阪神淡路大震災や東日本大震災のときにも役立ちました。

この話を聞いて、私も真似しました。

はじめるまえ、「どうせ貯まらないだろう」と思っていました。

ところが、いざ始めてみて驚きました。

意識して500円玉を財布に残すようになったのです。

お釣りとして500円玉をもらうと、「使わないように」と思うのです。

そして、貯金が増えるのが楽しくなる。それを自分で使うわけではないのに不思議です。

しばらくして、わかりました。

心のなかに「誰かの役に立つんだ」という奉仕の心が芽生えたのです。

すると、わずかですがエゴが減ります。

毎日続けるうちに、「自分さえよければいい」というエゴを捨てる修行につながったのでした。


「ひとつかみのお米」は自分も他人も幸せにします。

2015年、創立者の川原啓美さんが亡くなられたあとも、その遺志は多くの人たちの手によって脈々と引き継がれています。

お客様と会わせてください！

名古屋の高級住宅街、そして文教地区でもある「星が丘」という場所に、レクサスの販売店「レクサス星が丘」があります。

レクサスという車を買うとき、その商品の品質は、どの販売店で購入しても変わりません。

しかし、日本じゅうのレクサス販売店で、その売上や評判に大きな開きがあります。

その頂点に位置するのが、「レクサス星が丘」です。

年間受注台数は、常に1、2位を争います。そして、レクサスオーナーたちのアンケート結果による顧客満足度とあわせると、ナンバーワンの評価を得ています。

関係者のあいだでは、「キング・オブ・レクサス」と呼ばれ、ほかの販売店（別の経営母体）からは驚異の存在になっているのです。

また、インターネットの個人のブログでは、レクサス星が丘にまつわる数々の出来事が「レクサス神話」として紹介され、ディーラーの口コミサイトでも5つ星の最高ランクの評価を受けています。

なんと、レクサス星が丘の評判を聞き、わざわざ長野県の松本市、岐阜県の多治見市、三重県の桑名市、新潟県の新潟市からも購入しにきているといいます。なかには東京在住の芸能人や有名アーティストのお客様も……。

もちろん、そのお客様の住まいの近くにも、レクサスの販売店はあるでしょう。そのうえ、車というのは、ときおりメンテナンスを必要とします。

故障したり、思わぬトラブルに巻きこまれたりすることもあります。

そんなとき、販売店は近い方がいいに決まっています。

にも関わらず、遠方からのお客様が引きも切らないというのです。

なぜ、レクサス星が丘はナンバーワンになったのでしょうか?

なぜ、「レクサス星が丘で買いたい」とお客様がやってくるのでしょうか?

それを解き明かすために……レクサス星が丘の「おもてなしの達人」である清水香合さんのお話を紹介しましょう。

清水さんは、以前、ブランドショップで働いていました。お客様と接する仕事が好きで、自分の可能性をもっと高めたいと思っていました。

そんな矢先、レクサス星が丘が接客の新規募集をすることを知り、オープンの翌年契約社員として途中入社することができました。

「さあ！　やるぞ」と意気揚々として出社したにも関わらず、清水さんは、思わぬ仕事を命じられたのでした。バックヤード業務です。

接客という肩書にはちがいありませんでしたが、一言でいうと「電話番」です。朝から晩まで、電話は鳴りやみません。平日でも100本以上の応対をしました。

「私は、こんな四方を壁で囲まれた部屋で、一日じゅう電話をとり続けるなんて耐えられません。お客様と会わせてください」

と、上司に訴えましたが、聞きとどけてはもらえませんでした。

以前の職場では、表舞台で実績を上げ、お客様や会社から高い評価を受けていたのに……。

清水さんの不満は爆発寸前でした。

ふつう、ここで腐ってしまい、仕事に対する熱意を失ってしまうところです。

ところが、清水さんはちがいました。

「それなら」と思いなおし、電話番の仕事のプロになる決意をしたのです。

ただ、なんとなく電話を取るのではなく、自分になにかもっとできることがあるのではないかと考えました。

そこで、電話の向こう側にいるお客様のことを思い浮かべて対応することにしました。

そのうち、電話がかかってくると、

「鈴木さま、いつもいつもありがとうございます」

「田中さま、いつもお世話になっています」

と、相手が名乗る前に、お客様の名前を呼ぶことができるようになったのでした。

電話機のナンバーディスプレイに相手の電話番号が表示されます。

何度かかかってくるうちに、お客様の声とともに覚えてしまったのです。

「あれ？　なぜ僕の名前がわかるの？」

とお客様から言われるようになりました。その数は数百人にもおよぶように。

「清水さんっている？」「どの人？」

と、わざわざ清水さんに会いに来られるお客様まで現われるようになったのです。

その後、彼女は表舞台に出て、お客様とじかに接する仕事に就くようになりました。

お客様が家族連れでいらっしゃると、

「○○ちゃん、学校は楽しい？」

と声をかけます。そう、小学校に入学したばかりのお嬢さんの名前まで覚えていて、話しかけるのです。そりゃあ、ご両親はうれしいですよね。

ますます彼女のファンは増えていき、お客様の心をつかんだのでした。

ノートルダム清心学園理事長だった、故・渡辺和子さんの著書『置かれた場所で咲きなさい』（2012年・幻冬舎）を思いだしました。望まぬ部署でも、「そこで花を咲かせる」と頑張った清水さんは、見事に大輪の花を咲かせたのでした。

そして、現在では、課長職にあり、コンシェルジュ・リーダーの肩書をもつまでになりました。まさしく順風満帆《じゅんぷうまんぱん》。裏方での苦労と辛抱が実ったのでした。

ところが……いったん「咲いた！」と思った清水さんという花は、すぐに枯れかかってしまいました。

清水さんは、それまでは、自分ひとりが能力を発揮できれば充分でした。

しかし今度は、課長というポストで14人をひきいていかなくてはなりません。

マネージャーとしての重圧に押しつぶされそうで、あれほど楽しかった仕事がつらく感じるようになったのです。

ついには、「もうやっていけない」と辞表を書くところまで、自分で自分を追いこんでしまったのでした。


そんなときでした。上司からの一言にハッとしました。

「あなただけできればいい、というわけではない。チームが輝かなければいけない」

それまでの清水さんは、自分の能力を高めて「なにを聞かれても答えられる」「どんなトラブルも解決できる」ようになろうと努めてきました。

でも、リーダーの役割は、人を育てること、チーム全体にたくさんの花を咲かせることだと気づいたというのです。

花を咲かせたあとも大切。常に肥料と水をやり続けなければ萎んでしまいます。

かつ、花はひとつではない。

自分という花を咲かせたなら、今度はまわりの花も咲かせることが使命になるのです。

清水さんは、次のステップに夢中で取り組んでいます。

「不本意な仕事だ」「早く異動したい」「辞めたい」と落ちこむ人に、伝えたい話です。

俺たちがやらなきゃ、誰がやる

新聞やテレビを見ていて、思わず顔をしかめたくなるようなニュースがあります。

児童虐待です。

子どもが、母親や父親に虐待されてしまう。

めずらしくなくなってしまうほどに増えてきました。

なんでも、毎週ひとりの子どもが虐待で亡くなっているそうです。

誰もその子を救えなかったのだろうか。

きっと、両親も虐待してしまう理由があるはず。相談できる相手がいなかったのだろうか。

胸が切なくなります。

そんな思いがつのり、

「なにか自分にできることはないか」

と立ちあがった友人がいます。愛知県教育委員会の冨田正美さんです。

冨田さんは、何度も児童虐待防止のセミナーやシンポジウムに参加していました。

ある日、ふと気づきました。

まわりの参加者の顔ぶれがいつも同じであることに。

このままでは児童虐待は無くなるどころか増えるばかり。

まず、もっと大勢の人たちに児童虐待のことを知ってもらう必要がある。


そんなときのことでした。

クリスマスにサンタクロースのかっこうをして東京都内でバイクを走らせ、児童虐待の啓蒙活動をしているボランティア団体のことを知ります。

じつは、冨田さんの趣味はバイク。それもハーレーダビッドソンに乗っていました。

「これだ！」

身体に電気が走る思いがしました。

バイクを集団で乗りまわす人のことを世間では「暴走族」といいます。

そのためか、何人かでツーリングをしても、怖がられたりすることもあります。

高校生でバイクに乗っているというだけで不良あつかいする学校もあります。

でも、心底バイクを愛している人たちがいる。そんなハーレーの愛好家に声をかけて、「ハーレーサンタＣＬＵＢ名古屋」という団体を立ちあげました。

クリスマスになると世界中の子どもたちが笑顔になります。

でも、その裏側で、体や心に傷をつくって、悲しい夜をすごしている子どもたちがいることを、まずは知ってもらいたい。

児童虐待を防ぐのに、特効薬はありません。

本当に切羽詰まった場合には、近くにいる人……ご近所や幼稚園・学校の保護者仲間が「最近、あの子の様子がおかしいわ」と気づき、児童相談所や福祉事務所に通報するしかないのです。

じつは、児童福祉法では虐待の事実を知った人は通告する『義務』があるのですが、このことはほとんど知られていません。

冨田さんの呼びかけに大勢のライダーが集まりました。

全員がサンタクロースのかっこうをしています。でも、帽子だけはオレンジ色のものをつくりました。

児童虐待防止活動のシンボルである「オレンジリボン」にあやかってです。12月23日、名古屋の東別院に、ハーレーを中心としたサンタライダー50台が集まりました。「何事だ」と視線を寄せる人たちもいます。

そんななか、ひとりの女の子が、冨田さんに呼ばれて前に出てきました。

実際に児童虐待にあった経験のあるFさんです。

彼女はみんなの前でスピーチを始めました。

「私の家は母子家庭です。母は私が小学生のときに薬物で刑務所に入りました。出所してからは障がい者手帳を持つほどで、重い精神病を治すため、現在も病院にかよっています。

家は母のものであふれていて私の部屋はありません。リビングの一畳もないスペースを使って生活していました。

母に暴力を受けたり、『死ね』と言われていました。逃げる場所さえなかったのです。それが、私にとっては普通でした……」

参加してくれたライダーのなかには、いわゆる「ヤンキー」と呼ばれるような青年もいました。

最初のうちは、お祭り騒ぎのような気分で参加した様子でしたが、彼女の話を聞いているうちに真剣な表情になっていきました。

そして、出発する際には左腕にオレンジリボンのステッカーを貼り、バイクのミラーに小旗を立てるなど、活動の趣旨を充分に理解してくれました。


いざ！　出発!!

名古屋市内でハーレーのパレードが始まりました。

奇異《きい》な目で「何事か」と注目をあびました。

信号待ちで、子どもたちが手を振ってくれたり、市バスの中から応援してくれる家族もいました。


冨田さんは言います。

「じつは、あとで苦情も届きます。

『なにが児童虐待だ！　ハーレーなんて何百万円もするバイクに乗っていい気なもんだ』

などと。なにもしなければ、こうした批判を受けることはありません。

でも、なにか動かなければ、児童虐待のことを知ってもらえません。**行動することで、なにかが動くと信じています**」

年々、参加したいというバイクの数が増え続け、２０１２年には３００台になってしまいました。

そのため、その後は交通の妨げにならないようにと参加台数を１５０台に限定したそうです。

また、２０１３年からは名古屋で参加したメンバーが福岡でも開催。

東京、名古屋、福岡の年末の風物詩になりました。

なめてみればすぐにわかる

「お役所仕事」という言葉があります。

多くの人が、なんらかのかたちで、そっけない対応にいきどおった体験があるはずです。公務員というと、どうしても「安定していてお気楽」「事なかれ主義」「前例主義」というイメージがぬぐえません。


さて、前のお話で紹介した、「ハーレーサンタCLUB名古屋」の冨田さんは公務員です。愛知県教育委員会に勤めています。

公務員を取りまく世間の目は年々厳しくなり、細かい人事制度が導入されて、仕事の評価が重んじられるようになってきたそうです。

「評価」自体はよいことなのでしょう。しかし、そこには弊害《へいがい》も生まれます。評価されないような地味なことは、自発的に関わらないという人が増えてきたのです。

それに、「もし、失敗したら……」と思うと挑戦ができなくなります。

目標が高すぎて、達成できなかったとき、昇給や昇進に響くからです。

そんなジレンマのなかで、冨田さんはある出来事に遭遇しました。阪神淡路大震災です。冨田さんは、テレビ画面に映る悲惨《ひさん》な様子を、とても他人事とは思えませんでした。

気がつくと、生活物資を買いこみ、バイクに乗せて神戸に向かっていました。

そこには、すでに全国から集まったボランティアが大勢いました。

現地で、多くの被災者から「ありがとう」といわれました。

そのときです。

「人の役に立ちたい」「喜んでもらいたい」という気持ちが、働くことの原動力になると実感したのです。

以来、冨田さんは「とにかく現場に飛びこむ」ようになります。

当時、いじめや不登校がさかんに報道されていました。

冨田さんは休日になると自ら「不登校の子を持つ親の会」や「中退した生徒の支援をする会」などに参加しました。

すると、

「教育委員会が、何をしにきたんだ！」と罵声《ばせい》を浴びせられることもしばしば。「学校が悪いから、こうなるんだ」と文句を言われるのです。

しかし、それにもこりず何度も通ううちに、「あんたはちょっとちがうな」と受け入れられるようになりました。

冨田さんは言います。

「塩のからさ、砂糖の甘さは学問では理解できない。でも、なめてみればすぐにわかります」と。

冨田さんは、勤め先の名刺の他に、もう一枚個人の名刺をつくり、さまざまな勉強会に出席するようになりました。

職場以外の人脈もどんどん広がっていきます。「ハーレーサンタＣＬＵＢ名古屋」はほんの一例です。

そのほかにも、キャリア教育推進活動、環境保護活動、バリアフリー活動、東日本大震災復興支援活動、身体障がい者、知的障がい者の支援活動、など……。

冨田さんの社会活動は、アフターファイブや休日にもおよびました。

さらには自分が所属する地域を越えて、全国に広がるようになりました。

もちろん、業務時間中はしっかり仕事に打ちこみ、早朝や夜間、休日までスケジュールはびっしりです。

朝は定期的に、通勤途中の繁華街で下車し、ゴミ拾いをします。午前6時からの早朝勉強会に参加する日もあります。

午後7時半くらいまで、仕事場で、さらによい施策を講じることができないかを考えています。

それ以後、さまざまな会に参加したり相談事に応じます。

また、時間があるときには、帰宅途中に繁華街に立ち寄り、ホームレスの人たちに声をかけ、いつもカバンに入れているラーメンなどを個々に手渡します。

毎晩、午前様になります。

冨田さんは、「公務員」ではなく「向夢員《こうむいん》」として、教育委員会で、未来に向けて種をまく仕事を続けたいといいます。

ちょっと待てよ……。「お役所仕事」という先入観で公務員を十把一《じっぱひと》からげで見ていた自分が恥ずかしくなりました。

どんな仕事をしていても、同じです。

冨田さんのように頑張っている公務員が全国に大勢いるのです。

冨田さんは言います。

「『労働』を『牢働《ろうどう》』から『朗働《ろうどう》』に変え、『仕事』を『志事《しごと》』に変えたいと思いながら働いています。

人間は、行動した後悔よりも行動しなかった後悔の方が大きい。

お金にならないことをいかに多くするかで、人間の力量が決まると考えています。

生きるということは、自分のなかで死んでいくものを食い止めることでもあります」

すべての働く人たちに伝えたい言葉です。

500円のお客様が幸運をよぶ

「ちょっといい話」を求めて、全国行脚しています。

どこでも、「いい話はありませんか?」とたずねるのが、くせになっています。

タクシーに乗ってもそれは同じ。行先を告げたあとで、

「いい話はありませんか?」

とたずねます。たいてい、

「さっぱりもうかりません」

と、景気の話だと思われてしまいます。

そんななか、言葉で言い表せられないような、気分のよい運転手さんに出逢いました。

決まり文句「いい話ありませんか?」と言うと、「あります、あります!」という返事。

しゃべりだすと止まりません。

そこで、非番の日に家の近くの喫茶店で話をうかがうことになりました。

その人の名は古川努《こがわ》さん、当時53歳です。名鉄タクシーに勤めて、まだ4年目。にも関わらず、約750台もある営業車のなかで、常時、売上1位、2位を争う成績を誇っているそうです。係長職にあり、部下も10名いるとか。

その秘訣《ひけつ》はどこにあるのでしょうか。


古川さんは青森県の出身で、以前は建築関係の仕事をしていました。会社でリストラにあったとき、たまたまコンビニに置いてあった求人誌で知ったタクシー運転手の面接試験を受けます。

そのとき、初めて「黒タク」という言葉を耳にしました。名鉄タクシーの車体は、グリーンと白が基調です。一方で、黒タクは黒塗りの高級車。ふだんは道路を流していますが、冠婚葬祭などではハイヤーとして利用されるものです。

古川さんが、

「黒タクに乗りたい」と言うと、

「新人がなにを言ってるんだ」と笑われたそうです。

黒タクに乗るには、無事故・無違反、お客様からのクレームがないこと、成績優秀であること、が条件だと知りました。

青森県人は「じょっぱり」という気質が有名です。

それは、頑固で意地っ張りのこと。よく言えば「負けず嫌い」。

古川さんは、普通の人が早くても5～6年かかるところを、わずか2年で黒タクに乗れるようになりました。

さて、その秘訣とは……？


名古屋に錦三丁目（通称・キンサン）という夜の繁華街があります。深夜12時半をすぎると、クラブやスナックに勤めている女の子たちが仕事を終えて外へ出てきます。

タクシーを止めようとしますが、なかなか停まってくれません。

道路にはタクシーが数珠つなぎに並んでいます。でも乗れないのです。

なぜなら、運転手は、クラブの女の子たちが、出勤が楽なように同じ区内の近場にマンション住まいしていると知っているからです。

乗せても、1メーター500円（当時）の近距離にしかならないのです。

真冬には、女の子たちはこごえながら、乗せてくれるタクシーを探します。

本当はいけないことですが、なかには「回送」「迎車」と表示をきりかえて、乗車拒否まがいのことをする運転手もいるそうです。

そこを、古川さんは喜んで乗せてあげます。やっぱり、５００円の距離……。

でも、がっかりするどころか、女の子にやさしく声をかけます。

「お疲れさまでした。今日は、お仕事どうでしたか？」

すると、

「イヤな客がいてねぇ～」

女の子から、グチがポツリと漏《も》れます。

「それはたいへんでしたねぇ」

と言うと、一気にグチ話が始まります。

古川さんは聞き役にてっして話を聞いてあげます。すると、降りる際に、

「ああ～、久しぶりに感じのいいタクシーに乗ったわ」

と、喜んでいただけるそうです。そこで、すかさず名刺を手渡す。

「もしよろしければ、お困りのときにはお電話ください」と言って。

すると、忘れたころに電話がかかってきます。

「これからお客様をお送りしてもらえますか？」

聞けば1万5千円の遠方のお客様です。

女の子が、ママさんに「感じのいい運転手さんがいるのよ」と推薦してくれたのでした。

店の外に出れば、いくらでもタクシーは走っています。

でも、お店としては、お客様に気持ちよく帰っていただきたい。信頼できる人に託《たく》したいのです。

古川さんは、またまたお客様に、

「お疲れモードですねぇ」

と話しかけます。

「接待ですか？　たいへんですよね。飲むにも気をつかわなきゃならないし」

お客様は、この一言で救われます。さらに、

「眠くないですか？　ご住所をお教えいただけたら、ご自宅の前までお送りします」

「そりゃ助かる」

家まで眠って行かれるとのこと。ナビに住所を登録し、次回からは何も聞かずに送迎できるようになります。

それがきっかけになり、「古川さんじゃなきゃダメ」という20名ほどの固定客ができたそうです。

さらに古川さんは、お迎えの際には、紅茶とコーヒーのペットボトルを後部座席に用意しておき「お好きな方をどうぞ」と言うそう。もちろん自腹です。

古川さんは、こう言います。

「一般のタクシーの運転手は、大きな勘ちがいをしています。**会社から給料をもらっているのではなく、お客様から給料をいただいているのです。**そして私たちは自営業者なのです。**お客様を大切にしなければ、お金は入ってきません。**500円の初乗りのお客様だと、信号3つか4つで到着します。その短い時間が勝負。そのあいだに、いかにお客様によい印象を抱いてもらい、次のご縁につなげていくか。誠意を尽くすと『名刺をくれないか』と言っていただけます。私は、10名のうち7名は名刺をお渡ししています。自腹でつくったものです」

さらに、

「**目先のサプライズ（遠距離のお客様）ばかりを狙っている人は、結局一年を通すと成果はでません。コツコツが一番なのです**」

と、力を入れて言われました。

返ってこなくてもいいじゃないか

バブルの時代からタクシー運転手をしている人のなかに、いつもグチを言っている人がいるそうです。

「あの頃はよかったなぁ」

そういう人たちは、会社に戻るとグチを言いあいます。

「今日はアタリがなかった」

「近距離ばっかりで、やってられんわ」

古川さんは社内の研修講師も務めています。そこで、

「近距離のお客様を大切にしましょう」

と話をしますが、なかなか理解してもらえないそうです。

人はどうしても目先の利益に惑わされます。長距離狙いから頭がきりかわらないのです。

では、どうして古川さんには、それができるのか？

それは、父親の姿を見て身についたものだといいます。

青森で健在のお父さん（当時90歳）は、若いころ、地域の仲間50名くらいを引き連れて、東京に出稼ぎに行っていました。

昔から、人に頼まれると断れない性分で、みんなに頼られる親分みたいな存在でした。生活に困っている仲間から「お金を貸して欲しい」といわれると、自分が借金をしてでも、味噌をなめて食事をすることになっても、お金を貸してしまうほどでした。

「オヤジがいつも言うんです。**人に、いいことをすると、絶対に自分に返ってくる。自分にプラスになる。まあ、返ってこなくてもいいじゃないか、**って」

幼いころから、そう耳にしていた古川少年は、いつのまにかそれが当たり前のように体にしみついていたそうです。

だから、困っている人を助けるだけでなく、目の前の人を喜ばせるにはどうしたらいいかをいつも考える。

お客様に喜んでいただければ、いつか自分に返ってくると確信しているそうです。

ある日、ホテルの前から近距離のお客様をお乗せしました。もちろん、喜んで。

そのお客様を降ろしたとたん、タクシーチケットをかざして立っている男性が目に留まりました。

こちらをのぞきこんで「いいですか？」と聞かれ「どうぞ」と答えました。

するとなんと、その男性は「高速に乗って○○までお願いします」と言うのです。

その金額は、1万4千円です。それも高速に乗るから70分で戻ってこられます。

近距離のお客様が、遠距離のお客様を連れてきたのです。


「それは偶然？　それとも何か必然性の理由があるのでしょうか？」

とたずねました。古川さんは真顔で答えます。

「論理的な説明はできません。でも、珍しいことではなく、ひんぱんにおきるのです。

ただ遠距離を狙って走っていても、遠距離のお客様にはつながりません。

近距離のお客様が、遠距離のお客様を呼び寄せるとしか考えられないのです。

たぶん『波長』だと思います」

筆者の勝手な解釈ですが、ひょっとすると**「いいこと」をしたり、「欲張らない」ことに神様がご褒美《ほうび》をくれるのではないか**、と思います。

またまた、あるホテルの前から乗せたお客様から「△△まで」ときわめて近距離の行先を言われたときのことです。

夜中の11時ごろで、繁華街の細い道路は大渋滞で、大通りに出たくても車が進みません。

そこで古川さんは、こう言います。

「お客様、通りに出てからメーターを倒しますね」

お客様は驚いて、

「そんなことしたら、お前が損するだろう」

「かまいません、ろくに走ってもいないのにお金はいただけませんから」

このお客様はたいそう感激。降りる際に、千円出して「お釣りは取っといて」と。

さらに「家に帰るので12時半にもう一度ここまで迎えに来てくれ」と頼まれました。

なんと、1万5千円なり。

それだけではありません。その男性はお医者様で、勉強会や飲み会で繁華街にやってくるため、毎週水曜日と土曜日に送り迎えを頼まれてしまったのです。

なんと、他社のタクシーチケットを持っているのに、現金で！

そんな古川さんの月の売上は100～120万円。月55万円を超えると、歩合《ぶあい》給のほかに、家族手当などがつくようになります。さらにボーナスも上乗せされます。

７００台以上の車のなかで、月１００万円を超えるのはわずか数名。残念なことに、多くの人が55万円未満に甘んじているそうです。

その古川さんのパワーの原動力は、

「人に、いいことをすると、絶対に自分に返ってくる」

というお父さんの教えでした。

古川さんは毎日、玄関に朝刊を取りに行くとき、方位磁石を手にして故郷の青森の方角を向いて手をあわせます。

「オヤジ、オフクロ、ご先祖さま、ありがとう！　今日も頑張るで!!」

そう声に出して今日もタクシーに乗ります。

メガネをかけたら、売上げアップ↑

古川さんに、若い人たちへのアドバイスをお願いしました。タクシーに限らず、すべての仕事（いや人生全般）に通じることです。

ここに、いくつか紹介させていただきます。

頑張ったのに成果がでないのは、考えて行動していないから

頑張っているけど、うまくいかない人がいます。たとえば、就職試験でたくさんエントリーするのにひとつも受からない。

それは「頑張る方法、頑張る方向がまちがっている」のだそうです。

どのタクシー運転手も頑張っています。でも、結果がともなわない人は、ただやみくもに走っている人が多い。

問題は、街を流すにしても、常にコースを考えることが大切だといいます。

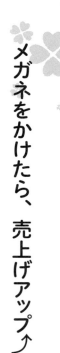

まずは「街の景色」をながめてみる。そして、「空気」を感じる。

すると、歩行者の「流れ」が見えてくる。

そのとき、自分が歩行者の立場に立って考えてみる。

すると、「そこの角を曲がったら、買い物帰りの人が立っているにちがいない」ということがわかります。

もちろん、それは季節や時間帯によって変わります。

今までの経験に基づく記憶も総動員するのです。

「あのとき、ここの角でお客様をお乗せしたな」

そう思い出し、右へ曲がる。

すると、やっぱり同じ人が立っていたということもあるそうです。

これは、タクシーの仕事に限りません。

うまくいかないときには、ちょっと立ち止まって、考え直してみることが大切です。

一番大切なのは『やる気』と『プラス思考』

人間は弱い生き物です。ひとくちに「プラス思考」とはいうものの、ほっておくと知らぬまに「マイナス」に心がかたむいてしまいます。
そんなとき、すぐに、
「自分はできるんだ！」
と言い聞かせ、心をきりかえるのだそうです。
「マイナス、イコール、プラスなんだ」というくらいに思いこむ。
古川さんが建築の仕事をしていたときにも、たくさんの失敗があったといいます。
でも、くよくよしていても、もとには戻らない。
すぐに、
「いいや、今度は失敗しないようにやろう」
と瞬間にプラスにきりかえる。
その建築の仕事を失い、失業したときですら、
「あ、また別の仕事ができてうれしいな」と思うようにしたそうです。
心が暗くなると、顔に出ます。５００円のお客様だとわかった瞬間、「また近距離か」
と思ってしまったら、仕事のやる気が落ちます。きっと顔にも出るでしょう。
そんなときこそ「ありがとう」と、気持ちを明るくするのです。
これも一事《いちじ》が万事《ばんじ》、あらゆる仕事に通じることでしょう。

「させていただいている」という感謝の気持ちをもつ

タクシー運転手のなかには、お客様に対して「乗せてやっている」と思っている人がいます。それが、大まちがい。

「乗せてやっている」ではなく、「乗っていただいている」と考えるのが大切なのです。

近距離だとわかると、「歩いていったら」などと言う運転手もいるそうです。

それは、とんでもないこと。

反対に、「近くてごめんね」と気づかってくださるお客様もいる。

そんなときには、「いいえ、近いのは大歓迎です」と答える。

感謝の気持ちで仕事をすることは、接客に限らず、すべての仕事に共通しています。

褒めて伸ばす

古川さんには、10名の部下がいますが、成績がよくなくても、けっして怒ったりけなしたりしないそうです。とにかく褒める。

でも、根拠なく、ばく然と褒めても心にはひびきません。

部下が営業から戻ってくると、

「今日もダメでした～。4万円しかできなくて」

「どれ、日報を見せてみろ」

その日のお客様の数字を、ひとつひとつ確認します。

そのなかに、ひとつだけ「1万円」という数字が目につく。

「お！　これスゴイじゃん。どうしたんだ？」

とたずねます。すると弾んだ声で、

「ええ、○○町から乗せたお客様が高速で△△まで行ってくれって」

と答えます。

「おお、そうか、よかったな。スゴイじゃん」と褒める。ここですかさず、

「名刺ちゃんと渡したか」と聞きます。

「はい」

「電話がかかってきたらいいな～」

「はい」

たった一言で、元気を与えられるのです。

つまり、「いいところ探し」をするということですね。

プラス思考の仲間に入る

ダメな人は、ダメな人たちのグループに入っているそうです。

ダメな人たちは「そんなに頑張ってどうするんだ」と、デキる人たちを小バカにしてなにもしないでサボっています。

「近距離ばっかりだ」とグチを言う人のなかにいては、いつまでも成績はあがりません。

思いきって、デキる人たちのグループと話をする。デキる人は必ずアドバイスをしてくれるといいます。

たったそれだけで、自分が変わるから不思議です。

第一印象が大切

最後にもうひとつ、こんなかんたんな方法を紹介しましょう。

タクシーの仕事は、短い時間でどれだけお客様から信頼を得られるかが勝負。

そのために、古川さんはちょっとオシャレな伊達《だて》メガネをかけています。

メガネをはずして、

「どうですか？　イメージがちがうでしょ」

確かに……。メガネをはずすと、失礼ながら田舎で農作業をしているオジサンという感じに見えます。

ところが、ふたたびメガネをかけると、ホテルかレストランのマネージャーのよう。知的に見えます。

古川さんは、やる気のある後輩の運転手にも、伊達メガネをかけさせました。

すると、驚くべきことがおきたそうです。月の売上が60万円から80万円に跳ねあがったのです。本人もびっくり。

なぜ、そんなことがおきるのか。

相手に与えるイメージが良くなるだけではありません。メガネは仮面。鏡で変身した自分を見ることで、心が変わり、恥じらいがなくなり自信がつく。

内向的な人でも、お客様と堂々と会話ができるようになるという効果があるのです。

第四章

「ありがとう」を伝えたくなるいい話

片腕のおもてなし

ひょんなことから、「おもてなしの達人」の女性の存在を知りました。

岐阜県に本店を置く、十六銀行の研修をさせていただいた際、参加者のみなさんに事前に宿題を出しました。

レストランやホテル、電車の中などで、「ああ、いいサービスだな」と思ったエピソードをレポートしてくださいというものです。

そのなかのひとつの、心に留まったこんなお話がきっかけでした。

本郷支店の飯法師《いいほし》愛《あい》さんが仕事の帰り道、星ヶ丘三越（名古屋市千種区）へ、父の日のプレゼントを買いに立ち寄ったときのことです。

閉店間際に駆けこみ、エレベーターで紳士服売り場に向かいました。

靴下やシャツなど数点を組みあわせて贈ろうと、あれこれと思案していましたが、なかなか決まりません。親子とはいえ、異性のものはなかなか選びにくいものです。

すると、ひとりの女性店員に、

「何かお探しですか」

と声をかけられました。

物腰が低くとても感じのよい人だったので、事情を話して相談にのってもらったそうです。

何枚かのシャツを左の小脇に抱え、ビニール袋の端を開けて生地を触らせてくれたそのときでした。

飯法師さんは、ハッとしました。

その女性の左腕が、半分なかったのです。

にも関わらず、不自由さを感じさせません。そのくらい振るまいがさりげない。

だから、まったく気づきませんでした。

おかげで、すてきな商品を選ぶことができました。

飯法師さんは、ここでさらに驚くことになります。

その女性は、何しろ片手が不自由です。

（きっと包装はほかの店員さんがしてくれるのだろう）

と思っていたら、その女性は、手際よくきれいにラッピングをし、リボンまでかけてくれたのでした。

そのときでした。フロアに放送が流れました。

「本日はノー残業デーです。業務を終了した方はすみやかに退社しましょう」

いまさらながら、閉店時間を大幅にすぎていたことに気づきました。

しかし、

「大丈夫ですよ、お気になさらないでください。お父さまに、プレゼントを喜んでいただけるといいですね」

と、最後まで追い立てることなく、にこやかに見送ってくれたというのです。

この女性店員さんの接客に感動しました。

「片腕にも関わらず」ということは、その感動の理由のほんの一部にすぎませんでした。

飯法師さんは言います。

「素晴らしい接客がゆえに、時間のたつのを忘れてしまったのです。

私も、銀行で接客の仕事をしていますが、サービスとは、相手の心にとどいて初めて意味があるのだと感じました。

私も彼女をお手本にして、単なる店員とお客様という立場ではなく、人と人として『心に響くサービス』を心がけたいと思いました。

また、障がい者が接客の場でいきいきと働く三越という会社も素敵だなと思いました」と。


「ああ、会いたい、会いたい！」

こんな話を聴かされると、もう我慢がなりません。

すぐにアポを取って、名古屋三越・星ヶ丘店に会いに行きました。

彼女の名前は、近藤有香さん。

大学卒業後に入社し、紳士服売り場で15年間勤めておられます。

思ったとおりでした。彼女は、お客様から特別なお褒めの言葉（それも感動レベル）をいただいた際に贈られる「YOUR BEST PARTNER」という社内表彰のバッジを胸につけていました。

それも、二度以上表彰された者が受ける最高位の緑色のバッジです。

ハンディがありながら、お客様から信頼をえている「おもてなしの達人」だったのです。

彼女は、生まれつき、左腕がひじのところまでしかありません。

お目にかかったときにも、制服は長袖ですが、左側だけ半袖になっており、その袖口からひじまでしかない左腕が出ています。

正確にいうと、ひじから先が5㎝ほどあります。じつは、ここが肝心。この5㎝の部分を曲げることができるので、わずかに包装の作業も可能になるのです。

たいへん聞きにくいことですが、ご無礼をかえりみず、たずねました。

「ずいぶん苦労されたのではありませんか?」

すると、笑顔で、

「ぜんぜん、苦労なんてありません」

とおっしゃいます。

さまざまな舞台で活躍する一流人にインタビューするとき、いつも困ります。

「苦労なんてありません」

「当たり前のことをしているだけです」

という共通の答えが返ってくるからです。

他人から見ると「スゴイ」と思われることが、「普通」に身についているから自分で気がつかないのです。

嫌がられるのをかえりみず、近藤さんにもしつこくたずねます。

すると、幼少期のことを話してくださいました。

「小学校の低学年のころは、イジメにあったこともあります。『手なし』と言われ、泣いたりもしましたが、高学年になるとそれもなくなりました」

そう答える表情が、本当に明るいのです。

この明るい笑顔はどこからくるのだろう。

そのパワーの原点を知りたくなりました。

「また会いに行きたい！」と思われる人

近藤さんは、幼いころからおてんばだったそうです。

危ないと止められても、浴衣を着てジャングルジムに登るような女の子でした。

両親は、どんなことでも、片腕がないことを特別視せずに育ててくれました。

「悪いことをしているわけではないのだから、堂々としていなさい」

と、言われていたそうです。

家族で買いものに出かけて、財布を取り出してお金を支払おうとするときにも、両親は「荷物を持っていてあげる」などとは言わず、黙って見守るだけ。

けっして手は出さない。

学校でも「やれなくて、あきらめさせられる」ことはなにひとつなかったといいます。

あるとき、人からこんなことを言われました。

「なんでもできると言うけれど、爪を切ることはできないだろう」

いいえ、彼女にはできるのです。爪切りの道具をひざと左ひじではさんで使うのです。もちろん、自動車の運転免許ももっています。ただし、自転車やバイクだけは危険がともなうので「乗れるけれど、乗らない」ように心がけています。

彼女の「笑顔」と「明るさ」と「あきらめないチャレンジ精神」は、両親の温かな教育にありました。

彼女の働きぶりを見ていて、お客様が気づかってくださる。たとえば、「ラッピングはかんたんでいいよ」とか「器用だねぇ」とやさしく声をかけてくださることがあるそうです。

社会に出ても、職場の先輩やお客様など多くの人たちに支えられて、頑張ってこられたのだと言います。

さて、自動車教習所に通っていたときのことです。路上教習の際に、こんなことがありました。信号のない交差点で左折しようとして、標識どおりにいったん停止しました。

そこへ、右から車が直進してきました。

ところが、そちらは一旦停止の標識がないにも関わらず、スピードを緩めて、近藤さんが先に行くように道をゆずってくれました。

そこで、近藤さんがアクセルを踏んだそのときでした。

となりに座っている教官がブレーキを踏んで、こう言いました。

「あなたはいつも、他人に気づかわれていることに慣れているのではありませんか？」

その一言が、ズシリと心に響きました。そのとおりだったからです。

まわりのみんなが優しくて思いやりがある。

それについつい甘えすぎていたのではないか。

彼女は、その一言で変わりました。

いつも「甘えていないか」と、あの教官の言葉を「いましめ」として胸に刻んで仕事をするようになったそうです。

そして、その一言が、近藤さんを「おもてなしの達人」へと導いたのです。


たとえば……。

近藤さんは、会計や包装をするとき、年配のお客様を気づかい、

「どうぞおかけになってお待ちください」

とイスを運んできて座って待っていただくそうです。

できあがった商品を渡すときにも、カウンターまで来ていただくのではなく、イスまで

持っていく。

なかには、体調が優れず気分が悪くなってしまう方もいる。そんなときには、水をそっとさしあげることもあるといいます。

もちろん、ちょっと大きな商品だと、駐車場まで運んでさしあげるのは当たり前。

じつは、それらのことは、名古屋三越で働く同僚たちにとっては、ごくごく「普通」のことだといいます。

ところが、自分には「片腕がない」というハンディがあるため、お客様が「スゴイ」と感動してくださる。

「職場の仲間と同じことをしているにも関わらず、感動のハードルが低くなってしまうようなのです。なんだか申しわけない気分です」

と、恐縮する謙虚さが、まぶしく見えました。

近藤さんが名古屋三越に就職したとき、会社側も近藤さん自身にも、少なからず迷いがあったそうです。

「片腕がない」人が接客の仕事をすることで、お客様に不快な思いを与えはしないかということです。

近藤さんは、裏方の事務の仕事に就くことだって可能です。

でも、あえて新人のころから、第一線の接客の仕事を命じた「三越」という会社に、拍手を送りたくなりました。

近藤さんは言います。

「『できないことはない』と言っても、どうしても人よりも作業が遅くなりがちです。

そこで、たとえばラッピングするときには、ひとつひとつの動作を見直して、よりスピーディーにできるように工夫しています。

また、あの自動車教習所の教官の言葉を忘れないようにして、お客様から気づかわれないよう、自分に甘えないよう、お客様の立場に立って行動できるように心がけています」


心に傷のある人は、人の心の痛みがわかるといいます。

ハンディがあるからこそ、近藤さんはお客様にもまわりの人たちにも優しい。

ここに彼女の「ステキな笑顔」と「明るさ」の秘密があるのだと理解できました。

また会いに行きたいと思いました。

そばに居るだけで、元気になれるから。

初めてのおつかい

ふと気づくと、50年以上住んでいる自宅のまわりに、文房具屋さんが一軒もなくなっていました。

ペンやノートならコンビニで用がたります。でも、色画用紙や万年筆は手に入らない。仕方なく、都心の東急ハンズや丸善まで足を運ばなければなりません。

同じように、八百屋さん、肉屋さん、金物屋さん、薬屋さんなども姿を消し、買いものといえばスーパーマーケットへ行くことが当たり前になりました。

便利といえば便利です。でも、ひとつさみしいことも……。

買いものをする際に会話がなくなったのです。

幼いころ、母親のおつかいで近くの公設市場に出かけると、

「えらいねぇ、お母さんのおつかい？」

などと、あちこちで声をかけられました。学生になってからも、

「おっ！　ひさしぶり、もう高校生か」などと。

便利さとひきかえに、何やら大切なものを失ったような気がするこのごろです。

ある日、そんな思いを友人である㈱ユタカファーマシー（本社・岐阜県大垣市）の社長・羽田洋行さんに話したところ、

「じつは、お客さまから、こんなメールが届いたんです。ちょっと自慢めいたことで気がひけるのですが……」

と言われました。

それは、こんな内容でした。


お礼を申しあげたくてメールいたします。

私には、5歳の娘がいます。今日、「初めてのおつかい」に、近くのドラッグユタカ大垣南店にサランラップを買いに行かせましたところ、無事におつかいができ、とても満足した顔で帰ってきました。

娘が生まれたときから、いつもベビーカーを押してかよっていたお店で、店員の方と顔みしりになりました。

子どもを連れていない日には、「今日はお子さんは？」と声をかけていただいて、本当に身近に感じるお店です。

私たちが小さいころは、近所の駄菓子屋さんにひとりで買いものに出かけたりしてお買いものを覚えたものですが、いまではそういうお店もなく、来年小学校にあがる娘にどうやってひとりで買いものをさせようかと悩んでいました。

そんなとき、娘が「わたし、ユタカにひとりでおつかいに行くわ」と言いだし、今日思い切って「初めてのおつかい」に行かせたのです。

帰ってきた娘に聞くと、店員さんに、

「ひとりなの？」とか、

「保育園休みなの？」

と声をかけていただいたそうです。

なんと、ラムネとアメを手にしていたので、娘にたずねると店員さんにもらったと言います。「よくできましたね」というご褒美のようです。

そのお心づかいがうれしくて……。本当にありがとうございました。

親子ともども、忘れられない出来事、そしてお店となりました。

これからもますます素敵なお店になられますよう、お祈りしています。

じつは、このドラッグユタカさんは、㈱ユタカファーマシーが経営していて、岐阜県、滋賀県、京都府など7府県下に171店舗を展開するチェーン店なのです。

チェーン店というと、パッと頭に浮かぶのが、マニュアルにもとづく、おざなりな接客です。「早い、安い、便利」を最優先にするために、全店統一した接客マニュアルをつくるのがふつうです。

羽田さんに、その点をたずねました。

すると、

「うちはお客様とのコミュニケーションを大切にしています。そのため接客については各店舗、それぞれのスタッフに任せています。これは、その成果だと思います。

そのときに対応した店員に聞くと、

『ああ、いつも母娘で来てくださっているなぁ』と、顔を覚えていたというのです。

だから『ひとりなの?』と自然に言葉が出たらしいのです」

ドラッグユタカでは、こんな話はごくごくふつうにあるらしく、ひんぱんにお手紙が届きます。

たとえば、高齢のお客様から、

「お米やペットボトルなど、重い荷物をレジの店員さんが車まで運んでくれました。ありがとうございました」

「レジのところで『これから郵便局に行って、このドリンクを知りあいに送るの』と話したら、『じゃあ代わりに行ってきてあげる』と言われました。大助かりでした」

「商品を家まで運んでいただきました」

……などなど。お孫さんらしきかわいい声で、

「うちのお婆ちゃんが店員さんに悩みごとを聞いてもらって喜んで帰ってきました」

などという電話も入ります。

この行いは、マニュアルではないといいます。お客様に、なにをしたら喜んでいただけるか。それぞれのお店で、それぞれの店員が自分で考えて行動しているのです。

羽田さん自身も、お客様からの声を聞いて、初めて、

「うちのスタッフは、こんなこともやっているのか」

と知り、びっくりするそうです。

さて、おもしろい話がひとつ。

ドラッグユタカ大垣南店では、「そんなにお客様に喜んでいただけたなら」と、「初めてのおつかい」をイベントにしてしまったというのです。

幼いお子さんをおもちの親御さんに呼びかけて、子どもひとりで「初めてのおつかい」に来ていただきます。

そして、お店のスタッフが、子どもひとりひとりに気づかいながら、買いものの仕方を教えるのです。

なんてあたたかいお店なんでしょう！

そういえば、昔はみんなそうでした。

地域の人たちが、一緒になって子育てをしていました。

地域に愛されるお店が繁盛することを証明するような会社です。

ちなみに、ドラッグユタカの社是《しゃぜ》は「おかげさま」だそうです。

愛されすぎるドラッグストア

ドラッグユタカさんでは、社員やアルバイトさんたちが休憩時間に、身のまわりの「いい話」をノートにつづっています。

ノートは誰でも気軽に書きこめます。仕事に関わることとは限りません。プライベートの出来事も歓迎だそうです。

その「ちょっといい話ノート」から、いくつか紹介させていただきます。

愛知県のお店でのこと

ひとりの女性がレジにかけこんできました。

「車のドアをロックしてしまったの！　子どもが中に……」

あわててスタッフが飛んで行くと、車中で赤ちゃんが泣いていました。

お母さんもパニックになり泣きだしそうです。

すぐにＪＡＦに電話するも、到着するまでにかなりの時間がかかるといいます。

「家に帰れば、合鍵があるかもしれない」

とお母さんから聞き、スタッフが車を出してご自宅まで走りました。

往復30分。そのあいだも赤ちゃんは泣きやみません。

パートのスタッフが少しだけ空いていた窓から、

「いい子だね～」

などと声をかけてあやします。

無事、合鍵が見つかり、赤ちゃんはお母さんの胸に抱かれました。

岐阜県のお店でのこと

幼い男の子が、さみしげに店内を歩いていました。それを見たスタッフは、

「どうしたん？」

と声をかけました。あんのじょう、広い店内でお母さんとはぐれてしまったのでした。

男の子は、いまにも泣きだしそうです。

スタッフは「すぐに店内放送で迷子のご案内を」と考えましたが、思いとどまりました。

「いっしょにお母さんを探そう！」

そう言って、男の子の手を引き、店内をぐるぐるとまわったのです。

「お母さ～ん」

「ああ、よかった。探してたのよ。ありがとうございます」

このスタッフいわく、店内放送をかければ効率的ではあるけれど、お母さんがかけつけるまでの少しのあいだでも、子どもにしたら不安にちがいないと思ったとのこと。

だから手を引いて……。やるじゃん！

京都府のお店でのこと

節分の日に小さな男の子がひとりでやってきました。レジのスタッフに、

「アメちょうだい」

と言います。スタッフが首をかしげていると、手に持っていたぬり絵を差しだしました。

そこには、鬼の絵がクレヨンできれいに塗られていました。

（え？　うちの店で、こんなイベントやってたっけ？）

よくよくぬり絵を見てみると、すぐとなりにあるコンビニの名前が書いてあり、「色をつけてもってきてね。アメちゃんをプレゼントします」と書かれてあったのでした。

「ごめんね、この塗り絵はね……」

と言いかけたところで、近くにいた別のスタッフが、

「ありがとう！　上手にぬれたねぇ、はい、どうぞ」

と言い、別のイベントであまっていたアメをギュッとひとつかみ取り、その子に握らせました。男の子は大喜びで帰って行きました。

京都府のお店でのこと

「炭酸ソーダはありますか？」

というお客様がこられました。

残念ながら、うちの店の定番商品ではなく、お取り寄せになってしまいます。

ところが、そのお客様は、

「こんにゃくをつくるのに必要なんだけど、いま、つくりはじめているところで、注文では間にあわない」

と、おっしゃいます。

あわてて、他店に電話で確認しましたが、やはり在庫がありませんでした。

そこで、近隣にある競合店の「○○薬局」さんに電話をすると、「あります」との返事。

さっそく、お客様に知らせると、

「本当にありがとう。あんたらからしたら、ライバルのはずなのに、その気持ちがうれしいわ」

と喜んでいただけました。

岐阜県のお店でのこと

お店の電話が鳴りました。

「もしもし……」

なんだか様子がおかしい。声が小さくて聞きとりにくい。

どうやら小さな女の子のようです。

（いたずら電話かな？）

3分ほどして電話が切れました。

しばらくして、またまた、同じと思われる子どもから電話です。今度は、

「お母さんがいない」

と、深刻な声で言います。

「どうしたの？　大丈夫？」

電話の相手をしていたら、

「あ！　お母さんが帰ってきた！」

と言い、電話が切れてしまいました。

しばらくして、その子のお母さんから電話がかかってきました。

「先ほどは申し訳ありませんでした。

娘に『どこへ電話していたの？』と聞くと『ドラッグユタカ』と言うではありませんか。

私がちょっと留守にしているあいだ、さみしくなっておたくへ電話したらしいんです。

お忙しいのに相手をしてくださってありがとうございました」

それを聞いて、電話を受けたスタッフはホッとしたそうです。

後日、そのお母さんからお店に差し入れのお菓子が届いたそうです。

まるで、お客様とスタッフが家族みたいですね。

心の栄養ドリンクも売っているのかもしれません。

さてさて……取材を通じて知り合ったドラッグユタカの男性社員さんから、こんな話をお聞きしました。

「うちのお店では、お客様が、お米や箱ごとのペットボトルを買われる際には、『お車までお持ちしましょうか？』と言ってはいけないんです」

なにを言っているのかわからず、キョトンとしてしまいました。

「『お車までお持ちします』と言わなくてはダメなんです」

と。あ〜ヤラレタ！　そんな気分でした。

「お持ちしましょうか？」とたずねれば「いえいえ結構です」と遠慮される方もあるでしょう。

だから、おせっかいをする。

そんなドラッグユタカさんでは、毎日のようにさまざまなドラマが生まれます。

ケチャップ絵の達人たち

ミシュランガイドという本があります。レストランなどの飲食店を星の数でランキングするものです。

その調査は、覆面調査員によってひそかに行われるらしく、店側は、「いつ、誰が」やってくるかわからないので戦々恐々。

「まさか」という人物が調査員だった、ということもあるそうです。

さて、こんなウワサ話を耳にしました。

小さなお子さんのお皿にケチャップで絵を描いてあげるモスバーガーのお店があるというのです。それは、大阪の都島店でした。

さっそく、店長さんに電話をして、詳しくうかがおうとしたのですが、やはり現物の絵が見たくなりたずねることにしました。

約束の時間よりも早く着いてしまったので、カウンター席に座りジュースを飲んでいました。こっそりと……。

すると、2歳くらいの女の子を連れたお母さんが店に入ってきて、私の右ななめ後ろの席に座りました。

女の子はずいぶんおとなしくて、じっと動きません。

そこへ、女性スタッフが近づいてきました。

テーブルの前でしゃがみこみ、エプロンのポケットに両手を突っこみました。

そして、ポケットから出したふたつのこぶしをテーブルの上に置いて、

「どっちがいい？」

と女の子に聞きました。

女の子は、「なんだろう？」と不思議そうな顔をしています。

よほど人見知りなのか、身動きひとつしません。

すると、女性スタッフは、右手を少しだけ広げて見せました。

すき間からビスコが顔をのぞかせていました。左手からはラムネ菓子が……。

それでも女の子は、答えません。

店員さんは、テーブルの上にふたつのお菓子を置いて、ふたたび言いました。

「どっちがいい？　好きな方を食べていいのよ」

女の子は、お母さんの顔を見て「いいの？」という表情をします。お母さんが、

「好きな方を取りなさい」

と言うと、パッと明るい顔になり、ラムネ菓子を手に取りました。

ニッコリ、笑みがこぼれます。


私は、あ然としました。

このスタッフは何者なのかと。

ハンバーガーショップにとって、子どもは一番の大切なお客様です。

キャラクターグッズをプレゼントしているチェーン店もあります。

でも、「ここまでやる」ことに驚きました。


その女性スタッフにお話を聞けることになりました。Nさんです。

普段から、エプロンの右側のポケットにはビスコ、左側にはラムネ菓子、さらに胸のポケットにはペロペロキャンディが入っているそうです。

そして、幼いお子さんに、

「お名前は？」

とか、

「かわいい服着てるね～」

と話しかけながら、お菓子のプレゼントをするというのです。

Nさんいわく、

「私だけがやっているわけではありません。ものすごく忙しいときは別として、スタッフ全員が、お子さんを見かけると、一緒に遊んであげる感覚でしていることです」

「いやいや、こんなお店見たことありません」

と言うと、

「ほかのお店のことは知りません。でも、うちのお店では普通なんです。さっきも、女の子に声をかけてあげられたのは、キッチンやレジで、ほかのスタッフのみんながきちんと働いていてくれるという安心感があるからできることなんです。私がレジに立つときも同じです」

覆面調査をするつもりはありませんでしたが、偶然にも思わぬホスピタリティあふれる接客を目の当たりにしました。

さてさて、訪問の目的の「ケチャップ絵」のことです。

2年ほど前、ひとりの男性スタッフが考え出したそうです。

もともと、このお店では「お子さんが食べやすいように」とハンバーガーを4分の1に切ってプレートにのせていました。

それでも子どもは、食事になかなか集中できず、お母さんを困らせます。

なんとか、子どもに楽しく、美味しく食事をしてもらえないだろうか。

そこで、白いプレートの空いているところに、アンパンマンやウサギ、ネコなどのイラストをケチャップで描いてあげたのです。


すると、お子さんは大喜び！　チキンナゲットやフライドポテトを絵のケチャップにつけて食べはじめました。

食事がグーンと進み、親御さんたちにも喜んでもらえました。

「全部、ケチャップが消えるまで食べたら、また描いてあげるね」

と言うと、ますます頑張って食べてくれるのです。なかには、

「仮面ライダー描いてよ～」

とリクエストしてくる子も。

絵が一番うまいスタッフが見本に描いてくれたケチャップイラスト集を見ながら、日夜、スタッフは自宅でケチャップ絵の練習にはげんでいるそうです。

とても、フランチャイズ店とは思えないユニークなサービスに脱帽です。

ところが、それはほんの序の口だったのです。

三度目に、名前をたずねる

女性スタッフNさんの話は続きます。

このモスバーガー都島店には、よくパジャマにカーディガン姿のお客様が来店されます。深夜ではありません。昼日中《ひるひなか》にです。

すぐ近くに難病治療で知られる大阪市立総合医療センターという大きな病院があり、患者さんが全国から来られるのです。

そのため、可動式のポールを引いてきて、点滴をしながらコーヒーを飲まれるなど、まるで、病院内の喫茶店みたいな存在です。

毎日、同じ時間に来られるので、

「入院されているんですか」

と声をかけると、

「そうなんです」

と一言。それがきっかけで、

「今日は暖かいですね」

と会話が始まります。なかには、

「いや、じつは、こんな病気でね……」

とご自分から話される方もあり、都島店のスタッフはお話を聞いてさしあげるように努めているそうです。


ひとくちにハンバーガーをつくるといっても、ソースの量も肉・パンを焼く時間も決まっています。誰がつくっても、マニュアルどおりにすれば同じものができあがるはず。

でも、**そのなかで1％でもいいからホスピタリティをプラスして、お客様に満足していただきたい**。Nさんは、そこに働く喜びを感じると言います。

そのひとつが、お客様への声がけでした。

都島店ではひとつのルールがあるそうです。

それは、「3回、同じお客様の顔を見たら声をかけよう」というものです。

たとえば、本を読まれていたら、

「何のご本ですか？」と。

「村上春樹です」という返事があった際には、思い切って、

「もしよろしければ、お客様のお名前をうかがってもよろしいでしょうか？」

と、聞き返します。

たいていのお客様が教えてくださるそうです。

そして、名前をほかのスタッフとも共有し、翌日からはみんなで、名前でお迎えします。

まるで、ザ・リッツ・カールトンホテルみたいですね。


入院生活をしていると、つらいし、さみしい。誰かに話を聞いてもらいたいと思うもの。

だから、声がけをする。でも、こちらは黙って話を聞いてさしあげるという姿勢にてっして、向こうから口にされるまで病気のことをたずねたりはしない。

顔色が悪いときには、

「○○さん、しんどいですか？」

と聞いてさしあげる。すると、

「薬がなあ……」

とおっしゃる。髪の毛が抜けていたりすると、ある程度、その病状もわかります。

抗がん剤の副作用で気分が悪くなったり、手足が痛むのですね。

また、

「今日は検査やねん」

と暗い表情の方も、

「しゃべると何より気がまぎれるよ」

とうれしそうに言われることもあるそうです。

話し相手になることが大切なのだと実感するそうです。


ある日のこと。余命1年と告知されていた70歳くらいの常連の男性のお客様が、

「あかん。ワシなぁ、医者からなぁ、思い残すことがあったら今のうちにやっておくようにって言われてなぁ」

と、すごくしんどそうにおっしゃいました。すかさずNさんが、

「そんなこと言わんと、またお茶を飲みにきてよ～」

と言うと、

「また来るわ～」

と、帰って行かれました。翌日、また来てくださったので、

「元気そうやん」

と言ったら、笑顔で、

「今日はちょっとマシやなぁ。今度いっしょにご飯行こか」

(これってナンパ⁉)

「私、高いお店に連れて行ってもらっていいですか」

「ハハハ、いいよ」

なんて冗談を言いあったそうです。


店長のHさんからも、こんな話を聞かせていただきました。

ずっと来てくださるお婆ちゃんがいるそうです。おおらかで笑顔がとても素敵。いつも笑顔を拝見するだけで、心が温かくなるような方です。

ふたりは、いつしか愛称で呼びあうようになりました。

ある日のことです。深刻な顔つきで、

「さおりちゃん(H店長のこと)……」

「Mちゃん、どうしたの?」

と聞くと、

「がんになっちゃったんだよ」

そして、「手術が嫌なの、これで人生が終わりでいいの。治療せず、薬も飲まずに死のうと思う」

と、青ざめた顔でおっしゃったのでした。Hさんは、思わず、

「やめて～、Mちゃんのいない人生なんて考えられない。その笑顔がない毎日なんて！」

そうすると、なんと「わたし、手術するわ」と言ってくださったのです。

ふたりは向きあって一緒に泣きました。

今は手術も終えて、ずいぶん元気になられたそうです。


ほかにも、「え!?」と信じられないことがたくさんあるお店です。

冷たい麦茶のサービスがあり、ハンバーガーを食べていたら、目の前にポンッと置かれてびっくり。まるで、下町のお好み焼き屋さんみたいです。

夏には、朝、お湯を沸かして大量につくり、冷蔵庫に入れて冷やしておくそうです。

年配のお客様には、温めて、湯呑《ゆの》みでお出しすることも。

帰りがけに、店を出て行く高校生に「頑張って勉強しいや！」とスタッフの声がけが聞こえました。

物を売らずに心を売る。商いの原点がここにありました。

感動が生まれるサービス・エリア

あるホテルの社長さんから聞いたお話です。

「むかし、ホテルというのは、非日常的な世界でした。

食事に利用するにしても、ちょっとオシャレをして出かけたものです。

でも、今は、ホテルが日常になってしまい、誰もが気軽に利用しています。

うれしいことですが、ホテルというものに特別のありがたさが失せてしまいました。

だからスタッフには言っています。お客様に『感動』を与えなさいと」

その「感動」とは小さなことでもかまわないといいます。

たとえば、ずいぶん以前に、一度だけ利用してくださったお客様の名前を覚えていて、

「いらっしゃいませ、○○様」と挨拶する。

たとえば、足が不自由なお年寄りのお客様には、エレベーターホールから最も近い部屋をご用意する。

それらは誰もができることです。でも、誰もがやっていることではない。どのホテルで

もやっているわけではない。

だから、そんな小さなことが「感動」に結びつくわけです。

さて、NEXCO中日本（中日本高速道路㈱）という会社があります。もとは、日本道路公団などの道路四公団です。それらが民営化され、高速道路の管理運営を引き継いでいる会社です。

その本部に、あるお客様から、こんな内容のお礼の言葉が届きました。

「岐阜県の養老サービスエリアで、家族で昼食をとったときのことです。子どもが取りはずし式の歯科矯正《きょうせい》器具を紙ナプキンにはさんで置いたまま、トレーを返却コーナーへ持って行ってしまったのです。そのまま帰宅し、夜になって気づきました。高価なものなので、電話で事情を話し『探させてほしい』と伝えてあわててサービスエリアにもどりました。朝までかかってでも、ゴミ箱をあさるつもりで……。レストランに着くと、すでに何人ものスタッフが店舗の裏のゴミ袋を開けて探していてくれました。勤務時間はとうにすぎているのに、レストラン以外の部署の人たちも深夜まで協力してくれました。

なんと、膨大なゴミの中から、器具を見つけてくださったのです。

それも、食べ残しの汚れたゴミの中から。

お礼を渡そうとしましたが、どなたも受け取っていただけませんでした。

このときの感謝は言いつくせません。涙がこぼれたほどです。

そんな人たちのいる会社はとても素敵ですね。本当にありがとうございました」


もうひとつ、こんな似たお話も。


「ゴールデン・ウィークに、みどり湖ＰＡで、道路わきの側溝《そっこう》に結婚指輪を落としてしまいました。

側溝が道路に埋めこまれていたため、自分たちで取りはずすことができません。なので、ＮＥＸＣＯさんに連絡すると、パトロールが来てくれました。

しかし、なかなか取り出すことができず、結局、ほかのスタッフさんも呼んでくださり、３時間もかけて見つけていただきました。

自分の不注意で落としてしまったものなのに、一生懸命に探してくださり、感謝の気持ちでいっぱいです。

このときのみなさんのお名前と連絡先を教えていただけますか？　お礼状をさしあげたいと思いますので」


このふたつの話を耳にして思ったことがあります。それは、

「自分ならどうするだろうか？」

「自分だったら、できるだろうか？」

ということです。

レストランのゴミは、もう「汚物」といってもいいでしょう。

一度、口にして、吐きだした食べものやタバコの吸いがらも混じっているでしょう。

カレーやうどんの汁が浸みこんで、ベタベタになっているにちがいありません。悪臭もするでしょう。

私だったら、とてもできません。きっと、こう言うのが精一杯。

「忙しいのでごめんなさいね。どうぞご自由にお探しください」

自分の仕事もあるし、仕事が終わったら帰りたい。

たしかに、「お客様のため」に尽くしたいと思う心はあります。ちょっとした気づかい・気配りならすすんで心がけます。でも、そこまでは……。

そうなのです！　ここに登場するＮＥＸＣＯ中日本や関連会社の人たちは、「私ならとうていできない」と思っていることをやったのです。

矯正器具や結婚指輪の持ち主もきっと、「自分だったら、ここまでできない」と思っていたにちがいありません。

「感動」とは、他人ができないことを行動にうつすことから生まれるのです。

ということは……一瞬「これはできないな」と思ったことを、即、行動にうつしたら、相手は「感動」してくれるはずです。

ＮＥＸＣＯ中日本に勤める友人に、

「頭でわかっていても、私は恥ずかしいけどできません。みなさんすばらしいですね」

と言うと、真顔になり答えてくれました。

「うちは歴史の浅い会社です。『サービス』のノウハウも蓄積も少ない。お客様の満足というものに無我夢中で取り組んでいる最中です」

もちろん他社と同じように、クレームも多いことでしょう。

しかし、お客様の満足を夢中で模索しているからこそ、ふたつの「感動」物語があったのだと思いました。

花屋のお兄さん、ありがとう！

「また行きたくなるお店」というものがあります。料理がおいしくて、値段が安ければ一番。でも、「行きたくなる理由」はそれだけではありません。

気づかい・気配りに感動して、「その人」のファンになってしまったときです。

NEXCO中日本に届いたお客様からのお手紙の中から、感動の「おもてなし」をさらにふたつ紹介させていただきます。

いずれも、高速道路のサービスエリアでの出来事です。

サービスエリアの花屋さん

その日は、子供会の遠足でした。小学生の娘が帰宅するなり、

「お母さん、いつもありがとう」

と、私にカーネーションを差し出しました。その日は母の日でした。

「あら、ありがとう、キレイね」

受け取りましたが、それに答える間もなく、お風呂場へと走って行きました。どうしたのだろう、と見に行くと、めずらしいことに、そうじをはじめたではありませんか。

あまり大きな声で言えませんが、家の手伝いなどは、ふだんあまりしてくれません。それなのに……。

夕食のとき、

「さっきは、お風呂そうじありがとう。どういう風の吹きまわし？」

少しからかうようにたずねました。すると、娘は目を輝かせて話しはじめました。

遠足の帰り道、休憩で高速道路のサービスエリアに立ち寄ったときのこと。

花屋さんがあり、カーネーションの花束が目に留まったそうです。

花束には、カスミソウがあしらってありました。娘は、母親の私がカスミソウが大好きなことを知っています。そこで、母の日のプレゼントに買って行こうと思いました。

値札を見ると、１２００円でした。でも、財布には１１５０円しか残っていません。

遠足に行くために、特別にあげた２０００円のお小遣いの残金です。

あきらめきれずに、娘はバスの出発時間ギリギリまで、カーネーションの前で見つめていたそうです。

すると、お店のお兄さんに声をかけられました。

「母の日のプレゼントかな？」

「はい」

「ひょっとしてお金がたりないのかな？」

娘は、お金を財布から取り出して、50円たりないことを話しました。

すると、

「じゃあ、足りない分は僕が出してあげるよ」

と言ってくれたのです。

驚いて顔をあげると、お兄さんはニッコリ笑って花束を渡し、こう言いました。

「でも、そのぶん、お母さんのお手伝いをするんだよ」

不足分のお金を出してくださっただけでなく、そんな温かな一言を添えていただいたことに感動しました。すぐにお店に電話をしましたが、その方はお留守の様子。

そこで、こうしてメールでお礼を申しあげます。ありがとうございました。

花屋のお兄さんに、どうかよろしくお伝えください。

どうやら、このお兄さんは、アルバイトのようです。そして、お店として「オマケ」したのではなく、お兄さんが自腹で50円を負担されたのです。

そのうえ、「お母さんのお手伝いをするんだよ」の一言。なんて温かな心の持ち主でしょう。

その一言を正直に受けとって、帰るなりすぐにお風呂そうじをする子どもも素晴らしい！

ただで、「お金をあげる」と言われたら、「めぐんでもらう」ようで、子どもにしても受け取りにくいかもしれません。「ああ、こんな手があったか」と感動しました。

雨中の安息

単身赴任なので、週末には、車を飛ばして自宅へ帰っています。

「明日の試合に出してもらえそう」

と、息子から電話があったのは金曜日の午後のことでした。

キックオフは午前9時。いつものように、土曜日の朝に出発していたのでは間に合いません。

金曜日の夜遅くに仕事を終えたあと、うれしそうな息子の声を思いだしながら、高速に乗りました。

ところが、途中から降りだした雨がどんどん強くなり、ワイパーが追いつけないほどでした。私は深夜の運転が苦手で、こんな経験は初めてでした。

大雨で視界が悪いうえに、疲れで眠気もわいてきて、あわててサービスエリアに入りました。

熱いコーヒーを飲み、テーブルにもたれかかって休んでいたところ、

「大丈夫ですか？」

と声をかけられました。ふりむくと、レストランのスタッフの方でした。

「奥のソファー席の方が休みやすいですよ」

と言い、パーテーションを少し動かして、まわりの視線からさえぎるようにしてくれました。また、ブランケットとクッションまで貸してくれたのです。

さらに、

「これで温まってくださいね」

と、熱々のお茶とお味噌汁まで持ってきてくれたのです。

よほど疲れているかのように見えたのでしょうね。

おかげで、ソファーでしばらく横になることができ、頭も気分もスッキリ。車の中で休憩するよりも、ずっと楽でした。

雨は相変わらず降り続いていましたが、無事に家にたどり着くことができました。

帰り際に、そのスタッフの方から、

「温かいペットボトルを腰にあてると気持ちがいいですよ」と、運転の裏ワザまで教えていただき、今度の週末の帰省にやってみようと思っています。

いやあ～「いたれりつくせり」とは、このことですね。

それにしても、このスタッフさんは、

「デキる！」

ホテルの語源は、ラテン語で「ホスピタリア（無償《むしょう》の接待部屋）」だそうです。

すばらしいホスピタリティですね。

高級ホテルやレストランからスカウトが押しよせそうです。

「おせっかい」と「おもてなし」のあいだ

ザ・リッツ・カールトンホテル大阪の見学勉強会をさせていただいたとき。

ぶしつけながら、スタッフの方にこんな質問をしました。

「リッツ・カールトンというと、お客様の誕生日にサプライズのプレゼントをして喜んでいただくようなサービスが有名ですが、反対にそれがクレームにつながることはありませんか？」

すると、こんな答えが返ってきました。

「もちろん、『余計なことはするな！』とおしかりを受けることもあります。

でも、だからといって、止めたりはしません。

お客様にどうしたら喜んでいただけるか。

一見『おせっかい』とも思えることをしつづけることから、『おもてなし』の境界線が身をもってわかるようになるのです」

なるほど、とうなずきました。

クレームを恐れてばかりいては、お客様に感動していただけるような「おもてなし」はできません。

「そんなことしたら、おせっかいと言われるかも」と、臆病になっていたら、サービスは減退するばかりです。


さて、すき焼き、しゃぶしゃぶで有名な三重県の四日市柿安（近鉄百貨店10階）でのお話です。

ある日、お客様から、メニューにはない銘柄のお酒の注文がありました。

若い男性スタッフは、

「少しお時間をいただけますか？」

と言い、店を飛びだしました。まずたずねたのは、近鉄百貨店内の食料品売り場です。

しかし、要望のお酒は置いてありませんでした。

百貨店を出て、近くのコンビニを3軒まわりましたが、やはり置いていません。

徐々に輪を広げて、ついに少し離れたところにある酒屋さんで見つけ、店に戻りました。

女将の赤塚直子さんは、早速、お客様のところへ行きました。

ただし、手にはお酒はもたずに。

「大変お時間がたってしまいましたが、お飲みもののご用意ができました。いかがいたしましょうか」

とお声をかけました。

しかし、残念ながら、

「もう結構です」

というご返事。

なにしろ、注文から1時間半もたっていたのですから、仕方のないことです。

でも、女将の赤塚さんは、喜び勇んで、息せききって帰ってきた男性スタッフにこう言ったそうです。

「『わざわざ用意してくれたんだ』と、感謝してくれるお客様ばかりじゃないってことをよく覚えておきなさい。

でも、あなたが何軒もまわって買いに行ってくれて、私はうれしかった。ありがとうね。

これでがっかりしたらダメだよ。これからもどんどんやりな。わかったわね」

赤塚さんにたずねました。

「そのお酒はムダになりませんか」

するとこんな答えが返ってきました。

「私が、もしも、そのお酒を手にして客席へ出むいたなら、お客様に『いらない』と言われたときでも『せっかく買ってまいりましたからどうぞ』と無料でさしあげることになります。お客様は『タダならもらっとこうか』とおっしゃるかもしれません。

でも、押しつけのそんなサービスを受けても、うれしくないにちがいありません。

口をつけずに残されることも考えられます」


スタッフには、こう指導したそうです。

「苦労して買ってきたお酒は、ストックしておいてください。きっと、また、そのお酒が飲みたいとおっしゃるお客様が現われます。

そのお酒は、ムダになったのではないのです。

あなたが、今日のように走りまわって探してきてくれたこと。そんな、**お客様の目線で『おもてなし』をくりかえすことが大切**なのよ」

「器が大きい」とは、こういうことを指すのかもしれません。

さらに、赤塚さんは言います。

「経験からしか人は学べません。

一歩先んじたサービスは、ひょっとすると『おせっかい』になるかもしれません。

それでも、どんどん『おせっかい』をして、経験を積んで、『おせっかい』と『おもてなし』の境界線を見きわめ、感じとれる人間になってね」

マニュアルどおりにやっていれば、クレームはおきないかもしれません。

いや、いくらマニュアルどおりにしていても、お客様に100%満足していただくことは不可能ですから、クレームはなくなりません。

マニュアルとは、「そこまでやればいい」という線ではないのです。

「ここから何ができるか」という、スタートラインなのです。

たしかに、男性スタッフの苦労は水の泡となりました。

しかし、けっしてムダではない。

そんな、一見、空ぶりと思われる「おもてなし」の心の積み重ねの結果が、「名店」と呼ばれるゆえんなのでしょう。

ゴミ山から見つけた幸せ

前のお話では、お客様のために尽くしたつもりだったけれど、それが「実らなかった」というエピソードを紹介しました。

それでも女将の赤塚さんは言います。

「これからもどんどんやりな」と。

その、赤塚さん自身の「おせっかい」の試みを紹介しましょう。

お店で、家族連れのお客様が誕生日パーティーを開かれたときのことです。お父さんの誕生会に、みんながプレゼントを持ってきました。

ところが、息子さんのひとり（20代後半）が、なにも持ってきていませんでした。いそがしくて用意できなかったのか。それとも、あわてて忘れてきてしまったのか。

プレゼントを手渡すとき、息子さんは手もとにあったはし袋を開き、裏面にペンで何やら書きはじめました。そして、お父さんに手渡しました。

お酒が入って、すこし赤くなったお父さんの顔に、笑みが浮かびました。きっと、ステキな誕生日のメッセージが書かれているにちがいない。赤塚さんは、幸せそうな親子の様子に、幸せな気分になりました。

さて、閉店後しばらくしてからのことです。

誕生日パーティーのお父さんから、店に問い合わせの電話が入りました。息子さんからもらったはし袋を、テーブルの上に忘れてしまったというのです。いったん電話を切り、あと片づけをしたスタッフとともにゴミ箱をひっくり返して探しましたが、残念ながら見つかりませんでした。

改めて電話で「ありませんでした」と報告。しかし、受話器を置くとき、お客様の「机の上に置いたんですけどねぇ」と言う残念そうな言葉が心に残りました。

その夜、赤塚さんは眠れませんでした。

「もう一回探したらあるかもしれない。市のゴミ集積場へもっていかれてしまったらもう探せない。その前に探さなくては。あのときもう一回探していたらあったかも、なんて後悔は、絶対いや！」

朝6時半に「よし！　もう一回だ」と家を出ました。

「いいの、なかったらなかったで、あきらめがつくから」

という思いで、冷たい空気を肌に感じながら、

「ぜんぶ、自分の目でひとつひとつ見よう。とにかく見よう」

そう、心にちかって、向かいました。

お店は、近鉄百貨店の中にありますから、まずは、百貨店全体のゴミ集積場に行き、膨大なゴミの山から、柿安のゴミを探し出さなくてはなりません。

次に、ひとつひとつ開封して、この目で確認しながら、別の袋にうつすという作業をしました。


すると！

あったのです!!

息子さんがメッセージを書いたはし袋が！

それは、タバコの空き箱の中に折りたたんで詰めこまれていました。

見つかったことでホッとすると、喜びで涙がでてきました。

赤塚さんは、ひとりゴミ置き場で「よかった、あった」とつぶやきました。

そこには、こんなメッセージが……。

「お父さんへ。お父さんは幸せですか。僕は幸せだよ……」

赤塚さんは、その一文に感動しました。

子どもが幸せであることが、親にとっては最大の幸せです。

息子さんは、「自分は幸せだ」と言う。その幸せは、父親の愛情によって育まれたものであることが、じんわりと伝わってきたからです。

さっそく、お父様に連絡すると、心から喜んでいただけました。


さて、お話をもうひとつ。

食事をされて帰ろうとしたお客様から、

「傘がない」

と言われました。

入口の傘立てに置いておいたものを、色がそっくりなのでほかのお客様がまちがって持って行かれたようでした。

「あれは『24本骨』という特別な珍しい傘で、気に入っていたんですが……」

お客様は残念そうな表情をされました。

「気がつかれて返しにこられたら、連絡させていただきます」

と伝えました。

しかし、その傘は戻りませんでした。

赤塚さんは、お気に入りの傘をなくされたお客様のさみしげな顔が、ずっと心に残っていました。


ある日のことです。

赤塚さんが街を歩いていると、ふと店先に貼られた1枚のポスターが目に飛びこんで来ました。

「世界初、24本骨のジャンプ傘」

とあるではありませんか。

「おせっかいだろうか」

「いや、でも、このままでは後悔する」

葛藤《かっとう》しつつも、その傘を購入しました。

そして、傘をなくされたお客様の会社までたずねて行き、

「よかったらお使いいただけるとうれしいです」

と、差し出しました。

「いやぁー、かえって悪いなぁ。高かったでしょう。いいのかな、もらって」

お客様は恐縮しつつも受け取っていただけたそうです。

そして、そのお客様は、その後、特別にごひいきいただけるようになりました。

赤塚さんは言います。

「お客様に一生懸命に『ギブアンドギブ』する。

もしも、喜んでいただけたら、お客様の笑顔が『テイク』。ギブしたものが返ってきたということです。

でも、『テイク』がなくてもがっかりはしません。

見返りを期待せず、コツコツと『おせっかい』を続けていきます」

お父ちゃんはトラックドライバー

兵庫県たつの市に、新宮運送という会社があります。

環境省などが主催するエコドライブコンテストにおいて、平成21年度「環境大臣賞」を、平成24年度にはエコドライブ活動コンクールで最優秀賞を受賞しています。

それらは、業界では多くの会社が目標のひとつとしている有名な賞です。

「なぜ、受賞することができたのですか」

社長の木南一志さんにたずねると、こんな言葉がかえってきました。

『益はないけど意味はある』。これを合言葉に、頑張ってきたからでしょう」

「え!?　それはどういう意味ですか」

さらにたずねると、こんな話をされました。


ひとりの社員が、子どもにこんなことを話したというのです。

「お父ちゃんはな、トラックの運転手やから字も書けんし、人前で話すこともできん。だから、お前は、よう勉強して大学にいってええ会社に就職せえよ」

もちろん、その父親が卑屈になって言ったわけではなく、子どもに勉強をさせるようにはげます言葉だったのでしょう。

でも、木南さんにも心あたりがありました。

木南さんの学生時代は、勉強もスポーツも大したことなく、酒を飲んで暴れるかケンカするかぐらい……自信をもって「これだ」と誇れるものがなかったのです。

運送業界には、「どうせトラックの運転手やから……」と思っている人がいることも、悲しいけれど事実なのです。

そこで、

「自分の仕事を、堂々と子どもたちに伝えられる仕事にしよう」

「社員が誇りをもてる運送会社にしよう」

を、目標に経営してきました。

さて、新宮運送にN君という若手ドライバーがいます。

彼の口ぐせは、

「事故せんかったら、えんやろ。荷物を安全に届けて、受け取りをもらったら、こっちのもんや」

時速120キロで高速道路をふっとばし、社内安全講習会もサボって遊びに行くような劣等生ドライバーでした。

ある日のことです。

その彼が、お客様のところで荷物を積み終えて、

「さぁ！　早く出発しよう！」

と運転席に乗りこみアクセルを踏んだのですが、車が前に進みません。

どうしたことか。

N君は、危険回避のためにタイヤにかませておいた車止め（ストッパー）を外すのを忘れてしまったのでした。

じつは、ストッパーを外さないことが、大きな事故につながる場合があります。

無理に発車して、タイヤで踏みつけられたストッパーがロケットのように飛びだし、ガラス窓が割れて大事故になったこともあるそうです。

もし人に当たったら、大けがになります。

彼は思いました。

「これが真っ黒やから忘れるんや。目立つ色に塗ったら忘れへんやろ」

そこで、ストッパーを目立つ黄色に塗りました。

さらに、万が一、ストッパーを外し忘れても飛ばないように、前輪をはさむ2個のストッパーをロープで結びました。


ところが、それでも、外しわすれてしまう。

今度は同僚と知恵をしぼり、ストッパーを結んだロープを長くして、その真ん中をドアノブに引っかける仕組みを考案しました。

出発する際には、必ずドアを開けるので絶対に忘れません。

ロープの先が外れないように、S字フックになっています。

最初は、同僚からかげ口を言われました。

「あいつは出来が悪いからやっているんだ……」

それでも、彼は、わすれなくなった喜びで、

「これ、ええで。やってみいへんか？」

と、まわりに声をかけ続けました。

すると、マネをしたひとりの同僚が、

「これ、ええなぁ。忘れること絶対にないで」

とみんなの前で褒めてくれたのです。

その一言がきっかけとなり、この試みは少しずつ全社に広がっていきました。

木南さんは、彼に、

「みんなで実行してもらうために運動を展開したいと思う。君に名前をつけて欲しい」

と頼みました。それが、「イエローストッパー365」運動です。

当初は、「サイドブレーキをしっかり引けば必要ない」「めんどうだ」という声もありました。そこには、

「そんなことをしても得にならない、利益にならない」

という気持ちがふくまれていました。

たしかに、給料があがるわけでも、会社の売上につながるわけでもありません。

ここに、木南さんの言う「益はないけど意味はある」の心があります。

一見、何の利益にもならないこと。

しかし、そこにはしっかりとした意味がある。それは、仕事のけじめです。

作業の繰り返しにも、一回一回の節目が入っていく。

やがて、その継続が運送業にとって一番大切な「安全」につながっていくのです。

そして、そのはるか先のことではありますが、お客様の信頼に結びつくのです。


その後、N君は結婚。4トン車から大型車の乗務員となり、一児の父親になりました。

今ではピカイチのトラックドライバーです。まるで別人のようです。

これにより、彼はドライバーの仕事に誇りをもち、さらに安全運転に力を注ぐようになったのでした。


目の前の利益を追わない。

トラックでいえば、ただ早く運んで仕事を終わらせればいいというのではない。

すぐに結果はでなくても、信じたことを徹底して続けること。それが人間を変えていく。

それこそがまさしく今、人類が地球から問われている環境の問題でしょう。

もっと「いい話」を読みたい方へ

××××××××××××××××××××××××

この本は月刊紙「プチ紳士からの手紙」に連載中の「心にビタミンいい話」から選り抜いて一冊にまとめたものです。

月刊紙のご購読については、「プチ紳士・プチ淑女を探せ！」運動のホームページにアクセスしてください。

また、「プチ紳士」が主催する「たった一言で」コンテストの歴代入選作品や過去に配信した「Give & Giveメルマガ」など数多くの「いい話」も無料でご覧いただけます。

HP：http://www.giveandgive.com/

××××××××××××××××××××××××

この本に登場した方々

公益財団法人アジア保健研修所（AHI）

HP:http://ahi-japan.jp/

『ひとつかみのお米ができること』『足をきられては困る』

㈱リンクリンク

HP:http://リンクリンク.com/

『思い出の「納豆豪華ごはん」』『貧乏母さん、快進撃！』

少年少女合唱団　地球組

HP:http://www.chikyugumi.com/

『世界一ヘタクソな合唱団』

児童相談所

全国共通ダイヤル　189（いちはやく）

ハーレーサンタCLUB名古屋

HP:https://nagoyatoyruniinaa.wixsite.com/harley-santa-club758

★冨田正美さんからのメッセージ
「他人のせいにするのではなく、自分たちができることをしよう」
「人の為に火を灯せば、自分の前も明るくなる」
「俺たちがやらなきゃ、誰がやる」

★あなたにできること
①子育て中の親子に、やさしいまなざしをお願いします。
②子育てに悩んでいる人は、ひとりで抱え込まずに相談してください。
③虐待と思われる事実を知った時には通報してください。
④虐待を受けた子どもたちの自立を支援する輪に協力してください。
⑤虐待を受けた子どもたちの親代わり（里親）になってください。

『俺たちがやらなきゃだれがやる』『なめてみればすぐにわかる』

そのほか、たくさんの方々にご協力いただきました。
この場をかりて、御礼申しあげます。

文庫ぎんが堂

眠る前５分で読める心がほっとするいい話

２０１７年12月20日　第１刷発行
２０１９年１月23日　第２刷発行

著者　志賀内泰弘
イラスト　ねこまき（ミューズワーク）
ブックデザイン　タカハシデザイン室
編集　安田薫子
本文ＤＴＰ　松井和彌

発行人　北畠夏影
発行所　株式会社イースト・プレス
〒１０１－００５１　東京都千代田区神田神保町２－４－７　久月神田ビル
ＴＥＬ　０３－５２１３－４７００　ＦＡＸ　０３－５２１３－４７０１
http://www.eastpress.co.jp/
印刷所　中央精版印刷株式会社

ISBN978-4-7816-7162-8